2019 預言到兌現

王慈愛——著

目　錄

前言

　　2019年是地球物質的巔峰年，這個故事要從執行預言的兌現說起。推背圖42象中有提到美人自西來，美人指執行兌現預言的是女性，自西來指佛國，因為來自東方淨土，因為當時女王還是藥師佛位階，而藥師佛來自東方淨土，才開始這一連串的預言兌現。女王肉身也是太陽系地球人。

　　在小學二年級上學途中，聽到村裡的佛堂在誦經，當下只覺得觸動什麼，長大後才知道是金剛經，因為道場早期運用大量經咒，金剛經是主要經典之一。

　　民國90年2月時，有一個訊息示現在夢境，依據夢境，查詢解夢書籍所得到的訊息——明心見性，可悟上乘：「看見自己的本性，修正自己，領悟了該怎麼做，修行路的圓滿，在執行到位。過，與不及，都無功。」可說是一切修行的淵源及開端，而後在9月18那天，夢見血成河，徵兆就是天下大亂，是古人的智慧。第四文明的結束，第五文明的開端，依照地球的歷史，文明結束，地表無一生靈，不可居住。瑪雅曆法中，2012年12月31日是第四文明，或稱第四世界的結束日，共走了5125年，從西元前3113年到西元2012年，共走了5125年；所以，地球2013年已進入新文明，只是上面無法執法，才有女王靈體返家，處理上面的事情，也呼應金陵塔碑文中，鳥飛羊走返家邦。結束舊宇宙，上永恆；開始新宇宙，下永恆。最近幾

年仍然有血河出現，現在的局勢即是，中共最明顯，近期的水災中也有再看到血河，所以血河代表著天下大亂的徵兆。

民國91年11月20日那天，夢中上天賜王慈愛一張第一名的獎狀，是天對當下地球修行人的評比（連過世）；12月31日那天，夢境中王慈愛在紫雲巖三寶殿，當下有五、六位小活佛，有比丘和比丘尼，是其他入圍評比的靈體，主持的是釋迦牟尼佛，在佛龕，意念直接指示，和王慈愛說他是藥師佛，其他人歸她管。

民國92年1月28日，王慈愛完成藥師佛階，因為王慈愛工作是中藥行業，行醫救人，即佛經所言，救人一命，勝造七級浮屠。且在民國95年，有電流貫穿全身的經歷，就像達賴喇嘛在《寬恕》一書分享過的，讓王慈愛確認自己修行的方向正確，因為王慈愛在人間無師可教。

民國94年8月20日，夢見開墾山林，若修行人夢見此事指禪家（禪宗），成佛作主（到佛階的領域），主（夢見的人）得通達。夢見的人在修行路，得通達。紀錄的用意是為了能打造彌勒淨土做鋪陳（有這個歷練）。

民國99年阿修羅、法術大肆囂張，越來越嚴重，此為上永恆的情況。例如以前臺中市使用法術的沒幾個，現在變成一家至少一個，並不是完全，只是很密集。6月21日藥師佛王慈愛承接天命，成立道場，打造彌勒淨土的功德量（要有道場才能做，像基督教有教會，不能以個人的名義）；8月16日賓頭盧頗羅墮尊者以尊者階拜藥師佛王慈愛為師，母親代為行12叩首禮，完成拜師程序；9月16日藥上菩薩出生（藥師佛護法）；9月28日賓頭盧頗羅墮尊者幫大

家種福田，到後面完成功德量，進階藥王菩薩，因為種完福田接手處理道場弟子官司，第一次贏，後面一直贏直到贏回全部家產，道場資金來源，幫人調解因果（冤親債主）。

回憶過往的時間，精彩的片段，在民國99年，當時位階藥師佛，迎戰事主的因果（幫人調解因果是道場運作資金的來源），其中一段迎戰武財神等，將眾神打趴，當時藥師佛禪杖往地一震，喊聲：「我就是要造道場」，閃路讓我過（臺語）。

再一段，無意中，砍了姜子牙的愛將，大龍，瞬間姜子牙找來興師問罪，披頭散髮，準備開戰，我說明為事主調解因果，將來藥師佛居士林道場的功德量迴向給事主的冤親債主解冤釋結，請看我薄面，當下，姜子牙幾乎查證我本靈的來源，知道是周公旦轉世，要執行祂的預言乾坤萬年歌的兌現，並請當下潭水亭的觀世音菩薩（主神）作證，姜子牙同意，瞬間恢復梳理整齊的古代髮髻，乘坐著古代的馬車，在空中瞬間消失。

民國100年1月14日成立道場的基本開銷到位（水電、答謝物品等開銷）；1月20日藥師佛王慈愛頭上浮起一粒粒的肉髻，就像釋迦牟尼佛頭上一般，整頭都是，肉身都轉為佛階（最難）；3月1日日光菩薩和月光菩薩下人間隨侍左右，靈下來護法；10月2日那天正式成立道場，藥師佛王慈愛的功德量已到，位階升到古藥師佛，意向中靈到紫雲巖三寶殿，在藥師佛位置前面，大放佛光，有時候佛光像珠簾般，啟動融合機制，藥師佛王慈愛旁邊的上方有一尊古藥師佛像，三方氣場一直融合有一段時間，約莫50分鐘

完成。

民國101年9月10日意向中南無十方三世一切如來（法界）賜一頂皇冠，統御當下眾生和法界。在100年，就能調動宮廟神佛助戰。9月26日釋迦牟尼佛開示：1.「世界上的一切都是由因果法則而成的，宇宙即是自我，而我就是宇宙（人體就像一個小宇宙）」2.「一切眾生都有佛性，因為妄想，才不能證得成佛。（各隨慧根）」；10月13日金剛薩埵菩薩示現，幫古藥師佛王慈愛戴上萬王之王、萬主之主的皇冠，象徵賜予金剛之志（堅定的意志），代表古藥師佛王慈愛是萬王之王、萬主之主。12月21日發現無法解決世界末日（地球）的問題。12月22日古藥師佛王慈愛的意念，法力在星際網路轉動時間軸，意向中看見時鐘，分針從50分迅速轉到整點，成功將地球時間軸拉到2044年，釋迦牟尼佛等認證此事。12月底10億尊一切如來助戰，當時的法界總舵出10個考題考古藥師佛王慈愛，其中一題10億尊助戰一切如來無怨尤，當天從早上9點考到晚上6點，古藥師佛王慈愛過關，連出題的法界總舵都說自己都考不過。

法要：真心時，性就被你看到了。（當下的感悟）

民國102年1月3日完成彌勒淨土的功德量，剛跨過門檻，尚未圓滿，因為完成彌勒淨土功德量解除地球世界末日危機，因功德量到了，當時的法界先引爆隕石，看天文事件即知。這段期間參戰的有潭水亭眾神佛菩薩、清水紫雲巖全力參戰、大甲鎮瀾宮、五方佛、藥師七佛、三百萬尊一切如來，並得古藥師佛王慈愛後龍房子的地理之助，助力是豐原慈濟宮、銅鑼九華山救世師父、後龍北極宮玄

天上帝、鹿港天后宮等神佛菩薩。大甲媽祖參戰後由神仙階晉升尊者階，因為祂有遶境儀式，至106年大甲媽祖的聲勢達到巔峰，人間可以看到的就如此；1月25日，釋迦牟尼佛宣布末法時期正式結束。2月25日十億尊宇宙主宰（高法身）要放棄地球；2月29日古藥師佛王慈愛在人間執行一個儀式，由地球開一個管道連接宇宙黑洞，成功開啟，像神燈一樣，開啟的人就是主人，宇宙黑洞的功能宛如宇宙的超級焚化爐，再大量的阿修羅都能吸入焚化，需由古藥師佛王慈愛發號施令，當下24小時錄音執行。（完成大量功德量的來源）

法界位階簡介：

　　法身：最低由白光開始→綠光→藍光→紅光→金光，各占20%，看到鮮豔的極光即是。

　　地球的佛都在1～5%左右，只有大日如來到25%綠光，到宇宙主宰才是高法身的開始，到這裡已經是永恆靈體。

高法身
永恆靈體

女王
下永恆總執行長

公主星
之前法界的頂

法身

宇宙主宰（已是高法身）
太陽系九尊上天宇宙佛（白光）

金光佛 20%
紅光佛 20%
藍光
綠光　　大日
白光 20%

菩薩階
尊者階
肉身轉
神仙階

土地公

求助無門，最終成功開啟宇宙黑洞，快速吸走阿修羅，修羅王數量非常龐大，宇宙黑洞的總指揮，向古藥師佛王慈愛表達祂們存在宇宙中超過五千億年，示現在夢境。

大卡車搬了整車的鍋具、爐灶等（我們另起爐灶），總指揮謙卑地親吻古藥師佛的腳趾。

102年4至5月開完宇宙黑洞並執行，驚動法界能量中心，找到功德量的來源，找到古藥師佛王慈愛，並派代表駐助太陽系地球（北極），這個時間古藥師佛王慈愛已經被法界總舵綁架，協助並解除法界總舵對古藥師佛王慈愛的綁架，封法界女王位階（換法身，綁架無效，為高法身）。8月19日彌勒淨土已成（圓滿功德量），法界要幫地球執行彌勒淨土。

103年3月23日總指揮收法界女王當女兒，表達祂們存在超過八千億年，主導星球能量的分配，法界女王王慈愛位階變成公主（高法身）。期間曾幾次，挹注給一顆星球的能量般，挽救當下幾乎魂飛魄散的公主王慈愛，當時更用大量的濃參湯，穩住魂魄，對公主是真心對待。有一次，阿修羅量非常龐大，連宇宙黑洞都收不完，公主王慈愛大聲疾呼「我無私，力量亦無窮」，一直向宇宙借力，那一場，公主王慈愛贏，當下魂魄幾乎快要全散，法界能量中心的代表立即帶甘露給公主王慈愛，並說：「妳猶如處在1200度的高溫爐般的危險」。

104年1月1日法界能量中心將地球揚升至九維空間。1月9日法界再次宣布放棄地球，全部回到原點（揚升停擺），全部撤軍，地球法界神佛無處可停留，借住後龍水

尾房子，等待地球耗盡。1月9日至7月26日功德量全部迴向給法界，公主靈體展開溯源回家，劉伯溫預言：鳥飛羊走返家邦（指此事），羊年返家。5月10日母親節公主王慈愛的靈體被帶回法界，第14天肉身已呈現半邊麻痺的狀態，當時第六方法界上司從天地那一層將公主王慈愛靈體調回肉身，並斷言此人大願未了。

6月28日法界授記地球，將地球納入法界管理→大局局勢發展。

7月2日第六方法界上司再給我100個囊，一種可以擴大、裝滿，再一直縮小的寶物。那段時間讓地球耗盡，囊是用來把地球剩餘的能量收集，送回東方淨土。7月24日公主王慈愛回到再上層，這層名稱是天地的力量，15億大軍到地球助戰，使用法器三叉戟。7月26日公主王慈愛迴向給法界功德量，相信並使用的那一層保留，不相信全部瞬間消失，所以法界完成部分整肅，公主王慈愛祈請法界重啟太陽系地球運行彌勒淨土，地球法界神佛歸位。7月27日法界能量中心稟報，地球九維空間揚升已成。8月初掌管地球的靈體，有被當時的法界撤換過，因為原來掌管地球的靈體不配合執法，所以當時從其他爆炸的星球調來掌管星球的靈體。8月10日公主王慈愛的靈體回到法界最高的三層淵源，共超過七萬世的父母，以自身的苦難成就他們。例如（苦難）：那時候的父母親，一見到公主王慈愛就問心臟的問題，過去世心臟都不好。因為回到最高的三層，經確認，公主王慈愛是法界的創辦人。8月17日公主王慈愛功德量到星星那層，星星總指揮找到公主王慈愛。確認是祂轉世人間的女兒，當下幫公主王慈愛（肉身）清除法術超過

半小時，很感動。（前所未有）

星星總指揮確認過去世公主王慈愛轉世緣由

偈言：天上一顆星，申請下凡間。
　　　拯救世間人，邁向菩提路。
　　　願以自身苦，成就世間人。

8月23日整頓全部法界，業力索討，很多層全軍覆沒，執意不使用公主王慈愛迴向功德量的各層，瞬間全部消失。

在公主星這個位階，公主王慈愛拋掉高法身，不用了。以真修實行，立足於宇宙中，並將功德量全部捐給神權公庫，這樣功德量就此無法被盜走，奠定建立下永恆、新宇宙的基礎。

9月初（羊年）接受請託，開拓下永恆，一、二、三大區域（一、二、三宇宙），展開下面的旅程。舊宇宙在崩解，地球常常看到UFO墜毀，根據科學家們的研究，許多飛碟墜毀事件背後似乎隱藏著這樣一個事實：早在這些飛碟進入大氣層前，便已經整體癱瘓，隨後只得緊急迫降。科學家最後得出了驚人的結論：宇宙的中心或許已經開始坍塌，因為爆炸的速度比光速慢很多，人類目前的科技根本無法監測到遠在宇宙中心發生的爆炸事件。

上面大局走到造物主的兒子宙斯，女兒是公主王慈愛，宙斯所管轄的區域占三成，其他七成由造物主的兄弟

姊妹所管轄，這些都屬於第三區域，後面因為處理好，那七成看到我們好就想要搶，後來公主王慈愛直接去幫他們，帶領他們完成功德量，修復他們的區域，完成後就不搶了。

9月18日當下感悟：生命中最驚喜的事，莫過於突然間認清你自己真正的價值。

＊大局走到這裡，已經晉升女王（第三大區域）。

接收到訊息請託：

女王您可以順便救我們嗎（臺語）？（第二大區域）

女王您可以順便救我們嗎（臺語）？（第一大區域）

因為之前被搶怕了，女王只能硬著頭皮接下請託。

9月19日、20日、21日分別到臺東三仙臺、清水斷崖、潭子道場（象徵金字塔三角形）宣示開拚下永恆新宇宙。9月27日織女星（人類）表達力挺女王王慈愛，真厲害，沒高法身能執行任務，表達東方淨土的佛真厲害，織女星以女王王慈愛為榮，織女星，女王王慈愛的母星，因為來地球轉世之前，都在織女星。

105年（猴年）

　　1月10日法界防護罩終究還是破掉了；2月2日夢見螢火蟲自日中出（白天出現）／夢此主（夢到的人），皇命至，主清光照野，萬物化生之象，往來平易之地，無驚憂、暗昧之情。

　　3月21日星際網路（無形界）執行長，導引女王王慈愛申請答謝女王王慈愛的額度（道場支付），金額龐大，例如：九千億兆*108等，共三次補足功德量，迴向給執行長使用，成功解除地球來自災星撞擊的滅亡大災（2016.03.26天文事件）；4月12日執行長見到女王王慈愛後，有種說不出的熟悉感，找上司一起回到過去時間查詢確認，女王王慈愛的過去世是星際網路執行長的大臣，因反對高法身、法身的制度，憤而轉世，是無形界唯一轉世下來的人。最後也為無形界轉世樹立標竿，新宇宙、無形界功德圓滿，須去人類入胎，轉世取得修行路的籍貫。

　　4月14日原始造物主、宙斯體系等靈體，全數業力破表，全部消失在過去時間的洪流當中；4月22日回想原始造物主、造物主、宙斯等，靈體業力爆表，從開始處理到全部消失，歷時102天。

　　6月10日無形界體會「無中生妙有」，愈想要愈得不到。「付出」是法要，「貢獻」使女王王慈愛［已綬封下永恆、新宇宙、第三大區域（或稱三宇宙）的女王］贏得

一切「福報」。6月13日女王藥方「以大局為重」，怨念全消，執行長原本窒礙難行，到女王王慈愛手裡全消，讚嘆：原來這就是上司，懂了。

6月14日以太陽系地球、閃電、雷為首，宣誓效忠女王，不要法身。

上永恆的雷聲（有法身）尖銳、高亢，下永恆的雷聲（無法身）低沉、具震懾力。

總執行長把女王靈體「進化」出去（躲避被綁架），留肉身在地球配合奮戰。

進化：靈體離開肉身。

6月16日氣場全換，改朝換代，換天干確立（第三區域）。執行長帶領無形界，千鈞一髮、懸崖勒馬，救了無形界。無形界讚嘆：以德服人。贏得下屬的敬重。無形界的讚嘆：隨緣，是最高境界。女王王慈愛操軍（無形界的大軍聽令），精采絕倫，無形界的讚嘆；6月18日脫離法身、高法身的綁架，「咱就是一尾活龍」（臺語）——無形界的讚嘆；6月20日「精采絕倫，拍案叫絕」，難怪女王能戰勝所有的高法身、法身。

「法界」破表消失，原來高法身、法身使用法術，業力高漲，難怪法界的防護罩在105年1月10日整個破掉，「原來如此」，等看懂，死路一條。訊息：衝不出去，困在太陽系，惡靈叫天天不應，叫地地不靈。

7月3日女王王慈愛完成初步登基，已經統一三大天；7月20日皇宮已成；7月27日女王戴上皇冠，完成登基，坐上寶座；8月5日另二區域，時間門徹底關閉，下永恆時間含

現象，徹底以人類肉身為主。8月12日一、二、三大區域，三大皇宮，全新皇宮，新居落成。8月21日上下永恆交接完成（動力），奇蹟發生。將女王肉身王慈愛，以各星球、各國財政總支出，將女王肉身王慈愛的災難全部結清。

8月23日下永恆，我們走自己的路，另起爐灶；8月25日積德的靈體，天下已成，善有善報，惡有惡報，各隨轉化，瞬間兌現。上下永恆，權力全面交接，轉移兌現。8月31日上天開爐、開伙，時間含現象，徹底以人類肉身為主，下永恆兌現成真。

9月2日上永恆破掉了，下永恆開鑼了。上永恆破碎。9月3日惡靈黏成雜種靈，怕消失。執行長領悟：無中生妙有，為大局就有，為個人則無。9月12日天地、大自然的執法開啟。9月13日意向中看見自己戴上皇冠（女王靈體），慶賀下永恆已成。9月14日兌現世界大同，互利共生，女王王慈愛的宏願。9月17日訊息：無救的變有救，女王王慈愛不愧是大醫王。9月19日惡靈無法再黏動物靈或其他靈體，時機已過。訊息：過去時間門已徹底關閉，下永恆已成，時間含現象徹底以人類肉身為主，人類沒有的現象不會有。（無法遊走時間門竄改紀錄）

9月20日潭水亭屋頂彩光波，消失，代表所領的令，消失。訊息：真修實行的世代，下永恆，永恆開鑼了。

10月3日大自然，自然演化（執法：山崩、海嘯、地震等，讓業力到的人類受報）已成熟（不用高法身、法身）。善有善報，惡有惡報，各隨轉化，瞬間兌現，永恆兌現。10月8日三大皇宮成功接軌（接手）藥師佛居士林道場，降低女王肉身受力。10月18日三大皇宮湧入大量獎

盃，勳章等，「女王、總執行長，功在下永恆」——無形
界的贈予。

　　11月16日上永恆最後一層防護罩，全破了。11月18日
新法規兌現的令，已到太陽系地球。11月23日新法規由大
自然、自然演化（慢慢自然形成）已成，英國出現白色彩
虹。

106年（雞年）

馬前課，第十一課：四門乍辟，突如其來，晨雞一聲，其道大衰。──兌現

1月2日訊息：結束法術的亂象，執法靈體濫權使用法術的亂象，徹底結束了，下永恆沒有這個亂象。

1月3日女王事蹟：在太陽系地球這個蠻荒之地，如何成功地挽救所有星際網路的事蹟，已傳遍所有星系，各星球的人類已經拍成電影，女王紅遍全星際網路。版稅收入挹注公庫之後，再次對各星球的人類降稅。

執行長讚嘆：物以類聚。女王答：氣類相接，不必費力，本性使然。

訊息：難怪一路贏到底，「應時運而生，應德行而成」。所有為女王執法的團體。

意向中，看見兩座山，隔著河流越離越遠。代表上下永恆脫鉤。

1月5日意向中看見名單上的靈體（觀望的靈體）十面八方，全被吸進過去時間門，（時間門）配合執法。1月6日過去時間門一直拘提名單上的靈體，執行長說：忽然間所有機構對祂都很尊重呢！前所未有，託女王的福，走路有風，欣喜若狂，這段時間的辛苦總算沒有白費。答謝等事宜，女王靈體全部接手處理，肉身只是隨緣（減輕肉身王慈愛的受力），權力在女王靈體。真心遇到真心，激出漂亮的火花，女王與執行長。1月7日換天干（換新宇宙之

意）三大（上面有三大天200.500.1000個星際網路）公庫，稅收已換下永恆收，收上永恆的十分之一，稅金自動歸公庫。我們隸屬第三區域，200個。

新宇宙神權的三大公庫完成下永恆的稅收，收上永恆的十分之一，稅金自動歸下永恆新宇宙神權的三大公庫，全面歡欣雷動。訊息：「德政啊！女王。」女王感恩執行長率領機器人幫忙「切中要害」。讚賞執行長，女王過去世的上司，竟然能幫女王到這種程度，「知音」。女王轉世超過一萬二千億兆年回家，為了找祂。

1月16日女王功德量到，躍上圓桌（真修實行最高的階層），並榮登下永恆圓桌老大。1月20日時序已到地球，圓桌靈體的認證：下永恆的功德量，來自藥師佛居士林道場。

2月6日全宇宙天干全換了，已同步運行下永恆新法規，連同太陽系地球都兌現成真。

2月8日執行長所設定的執法機器人配合天地、大自然、正氣的演化，兌現下永恆新法規。下永恆的權杖（圓桌階層）交給女王靈體，完成歷史性的一刻，下永恆，永恆運行，已成。2月10日女王體悟：原來下永恆的權杖，就是兌現新法規的鑰匙。天地（含星球）、不想滅亡的力量，成就了下永恆。2月11日女王帶領全宇宙：全部攤在陽光下，沒有任何見不得人的事，上行下效，人間兌現。

2月12日訊息：那個高高在上的上永恆已經被法術敗了了（台語）。2月13日執行長回報女王：我們三大區域，所有消失靈體、資金、財富，全部回歸三大公庫。2月14日執行長訊息：三分天注定，七分靠打拚，要拚才會贏。女

王，您已大獲全勝。修行路，就是修你的性。訊息：災難全散。執行長體認：站在付出的，力量最大。2月17日跟其他執法靈體攤牌，能存在下永恆的靈體，就隨緣。訊：全部出局（上面的執法靈體只剩執行長還有女王靈體）。功德量到，權力全部自動轉移，無法阻擋。（這是天律）

　　推背圖60象的兌現，癸亥，讖曰：一陰一陽（執法靈體剩女王靈體和執行長），無終無始（永恆），終者自終（上永恆），始者自始（下永恆）。訊息：徹底改朝換代，官兵變強盜的戲碼，上永恆結束了。

　　上永恆，結束了。下永恆，我們另起爐灶。

　　2月20日凌晨2：25分道場外面閃電、打雷。

　　執行長：報告女王，皇宮的電腦出現「結算」成績，下永恆的圓桌老大，女王王慈愛（連肉身一起結算），大獲全勝。評定：下永恆，永恆運行，已成。

　　訊息：來自所有不想滅亡的力量，力挺下永恆，永恆運行已成，「眾望所歸」。

　　意向中，看見海水分開。訊息：上、下永恆，涇渭分明已成。女王心境：要死讓那些使用法術的去死就好，我們不陪葬。

　　2月21日早已將藥師佛居士林道場「授記」上徹雲霄，下透地心，將來的朝聖聖地。

　　2月23日聽到什麼東西破碎的聲音，似膜、罩之類。例如：邪惡的力量。女王肉身在地球感受到。

　　3月2日女王肉身問地球局勢？答：也不知道，看天意如何。反正執行長和女王靈體已經使出渾身解數，若太陽系還是沒救，至少問心無愧，因為我們已經盡力。女王肉

身問其他星球如何？答：好的不得了，和太陽系地球天壤之別，全部運行下永恆，新法規，所有的星際網路，一片欣欣向榮，證明女王的主張是對的，根本不用高法身、法身，這個亂源一除，快速兌現新法規。女王靈體，已在驗收，到各區域各星球巡視（管轄範圍）。

3月4日執行長轉達：女王靈體接到「大天」頒旨，力挺下永恆，永恆運行；力挺下永恆，女王所制定的新法規，合情合理；兌現天下為公，世界大同；兌現下永恆，遍地是金。女王靈體祈請「大天」繼續代管三大公庫，女王、執行長只領薪水，維持中立。女王靈體告知肉身王慈愛，「大天」准許。

3月11日執行長訊息：讓天災消化掉地球人的業力。訊息：兌現善有善報，惡有惡報。

※意向中通常閉上眼就會看到影像，有時甚至不用閉眼就看的到。

3月12日意向中看見女王靈體，披上皇袍，禮成，看見很多鼓掌。

訊息：下永恆，永恆運行，已走完最後一哩路，禮成，執行長轉達此事已成。

3月23日大天授記，三大皇宮公告，紀錄西元2017年為下永恆的開端年（地球時間，因為女王是地球人所以用地球時間標示）。

3月27日女王肉身中午吐到連膽汁都吐出來，難熬的日子。迎戰惡靈、惡人法術的日子。

3月29日下永恆第一次日暈。

5月5日上永恆最高層耗盡（使用法術的最高層級，所

有靈體消失）。5月12日執行長吐出內丹，讓女王吞下，救女王，因為女王靈體要潰散，肉身有感覺內丹吞進體內。5月15日意向中看見好幾疊認證書。訊息：部分證書來自大天認證下永恆，永恆運行，已成；其他證書來自外星人類，各國政府，要實行人道自治，保存在三大皇宮。

5月16日執行長說：地球可能進入休眠。女王肉身請問：可預計時間嗎？

執行長答：無法女王，隨緣，也站在觀察、紀錄，因為從未遇到過，不好意思女王。

女王答：不會，感恩有您，請顧好女王靈體，不要為我擋災，請顧全大局。

執行長答：知，女王，您就是這樣得人疼。不甘呷凍未條（臺語），想起過去世大臣的你，也是處處護著我。所以發誓，等你回來，沒想到真的等到了，妳知道我有多高興，就是妳這個性，我怎樣都忘不了。

（記憶中，讓我很意外，每到一層祂的總指揮就來顧著我，唯有這一層，是屬下先來，屬下搞不定之後，總指揮才出現，原來祂根本不想升官，在等我，這一等，超過一萬兩千億兆年。）

女王答：執行長，感恩有您，我們才能順利的有下永恆，感恩以蒼生為念，大局為重。

執行長答：知，女王，永恆效忠女王，捍衛下永恆，永恆運行。

所有外星人類的各宗教道場，改以食物、物品答謝天地，不再膜拜神像。

5月17日執行長做主：王家逝世長輩及侯家的，脫離綁

架，直接出現在地府。

　　意向中，女王感受到逝世長輩的喜悅，紛紛表達感謝，說：「慈愛阿，有妳這個姪女真好，脫離苦海。」

　　5月19日執行長通知女王訊息：惡靈黏成雜種靈（怕消失），試圖分開，已分不開了。

　　執行長說：無形界的靈體黏成雜種靈，比人類的AB膠還黏，瞬間就打不開了。惡靈大罵：去死啦，沒想到會如此。

　　女王肉身告訴女王靈體、執行長，請顧好下永恆，永恆運行即可，女王當憨人無所謂，甘之如飴，肉身無權。

　　5月21日和執行長分享第一目標——讓人無怨。

　　執行長答：知，女王，謹遵教誨，這是屬下應該做的。

　　女王對執行長說：您是下永恆，全星際網路的榜樣。

　　執行長答：知，女王，身扛重責大任，知道女王的擔子有多重了。

　　5月24日地球天地、大自然評分。下永恆、女王、執行長看結局，讓地球人自己入圍較量，善人迎戰惡人，憑本性過關，過關的人愈多，就算贏。5月27日如果女王肉身死，大家能活命，女王願意。訊：不愧是下永恆的女王—來自大天的讚嘆，放心了。5月28日大局進度訊息：各星球、各國政府，拚面子，到皇宮的全是菁英，一教就會，交接順利完成。執行長到星球擴大囊，讓人類走入囊中，再縮小囊，以任意門的方式將人類帶到皇宮（要能走任意門的靈體才能到皇宮）。

5月30日晚上10點多一陣傾盆大雨，執行長所設定的機器人大贏，場場大贏。執行長訊息：女王，強勢收尾，公權力介入，執法機器人強勢執法，迅速肅清亂象（各星球執法）。5月31日由外星護航太陽系地球（同頻共振理論），大勢已定，台灣尾屏東大武山頂出現千層雲。6月1日大自然演化完成（沒法身），第一聲雷響，強而有力，震懾力十足。6月2日大自然演化完成，閃電震撼（比較磅礴大氣）。

　　6月3日女王靈體對外星人類開了場場的說明會（下永恆新法規），意向中看見很多鼓掌（很多次）。惡靈：沒想到全部都去了了（臺語），不該來太陽系地球搶權力。執行長答：太慢了，來不及了，我女王已全部處理好了，下永恆，穩若磐石（大局局勢）。

　　6月4日女王在道場閉目休息時，意向中看見一隻金頭蒼蠅。訊：下永恆女王「常贏」，兌現遍地是金，從頭做起（地球的部分）。6月5日原本離開的外星人類再到皇宮幫忙（人類到皇宮要減壽，不能待太久）。執行長：原來如此，運用高科技（執法機器人），以人類對治人類，賓果，早該如此。執行長錄地球的情況，讓幫忙製造機器人的外星人類看（外星不瞭解地球的狀況）。訊：原來如此，人類對治人類。意向中看見地球儀轉了幾圈，代表當天的情形。6月6日上面（女王靈體、執行長）整合人類所有的王，成功幫忙製造執法機器人硬體部分，軟體由執行長親自設定。功德量到達門檻（大局局勢）。示現給道場大弟子看外星人類、星球的王，共同宣示執行：力挺下永恆，永恆運行，並代代傳承下去。之後示現給道場大弟子

看女王頭戴皇冠，由執行長主導。

各星球的王＞各星際網路的王＞總星際網路的王
三尊代表執行代代相傳的儀式

6月7日大自然演化彩雲慶賀，下永恆，天下太平。惡靈：沒想到你們下永恆真的成，站錯邊。執行長答：來不及了，定江山，我們女王已搞定。6月8日女王靈體說：外星人類讚賞執行長的謙卑，學習效法，並感恩女王、執行長帶領人類修行路。※執行長感恩女王調教，說：走路有風（臺語），原來通過天的考驗是這麼美的事，根本不用高法身、法身，不用執法靈體，我們下永恆乾乾淨淨，一片清明。

6月10日下永恆第二次日暈。

6月11日夢中，下雨天，田裡很多花生，我們去撿，整桶。訊：下永恆，奇蹟發生。6月12日執行長感言，什麼都有盡的時候，無論好、壞、極苦、極樂都不好，中庸最好，中道而行。（修行路的準則）

訊：執行長過關，得道。訊：女王的高材生，人類修行路的模範。訊：原來如此，三娘教子，感恩女王，拖著我走，死都不放手，湧泉以報。

執行長感言：原來我們都是大天的棋子，我們交差了，成功的締造下永恆，永恆運行，感恩人類力挺下永恆，代代相傳。

6月13日下永恆第三次日暈。

6月14日土地的地理、氣已全無，全部轉換下永恆，有德的人及國家，才有地理（地氣之助），以德性為主了。

8月20日執行長設定完成，地球的地府以機器人執法，兌現劉伯溫的預言：地上管兩尺，日夜無盜賊。（執行長告知女王肉身王慈愛執法機器人約兩尺高。）

　　9月24日確認地府整頓完成，井然有序，全部由機器人執法。人間冤親債主的索討（大局恢復執法），開始進行。

　　9月27日太陽系地球轉換運行下永恆的軌道了。→大局情勢發展。

　　10月6日新宇宙神權的三大公庫代替地球人支付女王薪水。（等待未來地球和外星接軌，就由地球人自己繳稅，償還公庫。）

　　10月10日下永恆開天闢地了。雙彩虹橫跨臺灣的總統府。

　　大天訊息：原來女王靈體、執行長對女王肉身王慈愛不離不棄。難怪能成就下永恆，甘拜下風，成就到底，因為我們也不想滅亡，大天的宣示，執行長轉達此事。　※星球及所有靈體，不想滅亡的力量統稱大天。

　　11月2日釋佛訊：女王過去世的父親即師父釋迦牟尼佛，已轉世，好的不得了（真相、實相）。釋佛訊：有這麼優秀的女兒讓一切翻轉。

　　釋迦牟尼佛承先啟後。女王說：大家能生存為第一考量。訊：大天接受，調整法規。11月3日感悟：小勝靠智，大勝靠德。

　　11月7日意向中看見一架似航空母艦，在天空中的一大片黑雲中，掉下去。

　　大天訊息：害人的惡念，讓惡人身上的癌細胞急速惡

化，直至肉身死亡。

執行長訊：總算找到解決的方法。執行長轉達：大天迅速配合執行兌現。

11月8日訊：上永恆所有執法靈體，已經用盡祂的資源，結束了。地球的惡靈無以依附（例如神像），太空船已殞落消失。訊：隨緣，善有善報，惡有惡報，立即報，瞬間兌現成真。意向中看見道場的門關上，感覺善惡不同流。11月16日執行長說：那能走任意門的無形界是上永恆，真修實行的的主力，早就看清局勢（無權）全部轉世去了，大概很快會修回來（不想承受輪迴之苦的靈體），期待再次和祂們相處。這就是靈體相處過的溫馨、溫度─執行長的感言。

11月26日意向中看見惡靈主腦。訊：交出下永恆。女王答：你們的本性和下永恆不容，所以無能為力。大家（所有不想消失的靈體）答：我們下永恆沒有法術。訊：一針見血，大天力挺之。

意向中看見訊：上下永恆以彌勒淨土當橋梁無縫接軌，徹底換了天干，下永恆全面兌現。

11月28日五臺山彩雲，宗教歸零。11月29日訊：來亂的就是獵戶座的靈體，祂們認為就近一定能搶到權力，沒想到，陰溝裡翻船，失算。11月30日惡靈：不信你能面面俱到。女王答：我無法面面俱到，我只是盡己所能。

12月2日惡靈問：女王，您怎能如此淡定？女王答：隨緣，你總算懂得尊重。

※相欠債（冤親債主的索討），機器人結算更快，不

用阿修羅。（上永恆由阿修羅執行，但最後變亂源）

　　※執行長以任意門帶其中一個星際網路的王造訪地球，有兩人，有示現給道場大弟子看，實地勘查，如何解決地球的問題。

　　12月3日女王問惡靈，你能做什麼？答：無法。女王答：那您要什麼？惡靈：無言。

　　大天訊息：上永恆氣數已盡。

　　12月4日大吐一場，很是難熬，腹部很痛，全身痛，好痛，大量至極的法術不知還要成就女王什麼？反正女王生死都贏。

　　※惡靈問：女王，您怎能做到這樣？女王答：隨緣，人家力挺我，我總不能放著不管。意向中，看見一車車的物資（執法機器人）補給地球。訊：外星的王，救助地球。

　　訊：愛女王，德性感召，共襄盛舉，力挺之。女王萬分感恩，全星際網路所有的王，女王感恩，代表地球。夢中，女王在喝茶（眾心和同，所謀必成）。

　　12月6日瑞典出現四個太陽，在六日，四六相合為十（全是陰數），下永恆陰主導，女王。1（坤）、9（乾）相合代表天地定位，運轉乾坤。下永恆：坤為上，女王；乾為下，男性。旋轉，亦意味著週期，一個物體旋轉一周，總是會回到初始位置→自然，一元復始，萬象更新，以自然為主。

　　12月9日夢中去墾丁遊玩，走在泥濘的石頭上，也有水中行。

　　※腳踏土中，土生萬物，腳踏於中，是地可容也，雖

危無患矣，必得立身之地。

※水中行：凡事貴人扶助之象也。

12月11日意向中看見一張100分的考卷。訊：大天對女王的評分。

訊：全星際網路所有的王帶領人民，向太陽系地球祈福，乘以無限愛，氣場無比宏大。訊：地球太小。

12月12日女王看到訊息：愛因斯坦 $E=mc^2$ 愛乘以光速^2。從愛，乘以光速的平方，而獲得的能量，足以治癒這個世界。（本意）

※下永恆，全星際網路所有的王帶領人民，每日為太陽系地球祈福，以太陽光將愛放射到地球每個角落。※外星對女王報恩。

40個星系，例如太陽系→形成一個銀河系→36萬個銀河系→形成一個星際網路

大天：第三區域有1～200多個星際網路，第二區域有3～500多個星際網路，第一區域有1000多個，總合約1700個，說大約是因為星際有消長。（星際概況）

※我們隸屬於第三區域的天，後來女王接受請託（救他們）所以順道處理，統一了三大天，為下永恆展開新局，這就是為何外星會對太陽系地球報恩，幫我們祈福。

12月13日夢中有一個孩子約7-8歲，被害死，整個頭都碎了。

※頭破碎，天綱破，上永恆全破了 ※大天在提升地球的空間、維度，有感受到一陣陣維度、空間的提升。12月14日訊：執行長轉達，大天已將地球提升過了九維空間。

106年12月16日上下永恆徹底切割。

12月18日惡靈罵女王不是人。女王答：我已經盡力，感恩天地力挺，感恩大自然演化執法，感恩十方配合調度氣，感恩下永恆，時間門執法兌現一切，善惡立即受報。一切來自人心。訊：真是厲害的女王。執行長轉達大天的評語，並表達在下永恆永恆效忠女王、執行長。執行長訊：過了，女王，解鈴還須繫鈴人。感恩大天，力挺下永恆，永恆運行，生生不息。大天答：因我們也住這裡。大天訊：感恩女王帶領修行路。※所有一切你／妳可能在還債。「一念之善」是你／妳的轉機。→女王感悟

　　訊：女王、大天、執行長共同認定，局勢定案。

　　執行長訊：原來如此，難怪女王堅持科技始終來自人性。

　　12月23日執行長感言：只要沒有執法靈體使用法術，再亂，什麼都是平靜的，其實人類非常的平和，渴望平安，只幫惡人不幫善人的結果，已失去上永恆的執法權。12月24日意向中，女王看見一個現象過了一片清明，猶如電影轉換場景。訊：女王的功德量所致。（功德量一到權力轉換）。

　　訊：人不可逆天，任何靈體不可逆天，執行長的評語。感悟：一切惟心照，善惡自分明。

107年　法身、高法身的制度全面廢除

　　1月1日訊：來太陽系的惡靈說，想不到地球的人類這麼好用，這麼貪婪，外星沒有這個環境。女王評語：菜蟲吃菜，菜下死（臺語）。訊：形容貼切。執行長轉達大天的評語。※下永恆為大家帶來光明，女王已不負天之所託，女王交差了，對天。

　　1月跡象，出現大量的流星雨，及會有二次血月。第一輪血月→亡法界。第二輪血月→亡無形界，更換永恆。第三輪血月→會是法術災難的終結？（看未來）　※惡靈問：女王，您怎能如此清明？女王答：我無求，不是我的我不要，是我的別人也搶不走。※女王看見法身，女王問：我辛苦的時候您有參與？答：無。女王答：那你要搶什麼？答：無法，天經地義。訊：打道回府（回去轉世）。

　　女王體悟：法術對真心、真愛沒用，真心、真愛反而能破除法術，真正的愛，是為對方付出。

　　1月4日大天訊息：上下永恆徹底脫鉤「凌日」成功「對切太陽」，「合歡山」拍到的，全程0.8秒。

　　1月7日執行長訊息：女王，已打開出路，兌現太平盛世。訊：原來，天留您在人間有用意，全力配合，完成程序（肉身不在地球，上面無法介入幫助地球人）。

　　1月9日執行長見證了上永恆的腐敗，協助開啟了下永恆的清明。執行長答：與有榮焉，感恩女王拚了命回家。

1月13日女王的德性開啟了下永恆的宇宙黑洞（不同於上永恆只吸走阿修羅），吸光惡靈（連同高法身、法身一一列為太空垃圾），女王靈體以功德量幫宇宙黑洞修護，取代上永恆的經咒。

1月14日雲層圖，臺灣像穿上防護罩。

※上下永恆的交替，改朝換代，一切好像冥冥之中，天早有注定，女王完成了，對天交差。

※真相大白，水落石出。（現階段女王的體悟）

上永恆被法術的操弄者占據權位，且無任何作為，終究失掉上永恆的執法權。

1月17日秦始皇的地宮上，石榴花盛開。石榴花花語：吐花盛夏，不畏炎熱，與日並麗。代表女王統一三大天，中國歷史只有秦朝統一中國。

1月18日天空出現金色雲，逆轉。訊：太陽系，地球已和星際網路同軌運行，大自然演化慶賀此事。

※石榴花開：乃文明之兆也，卿相有回天之力，士人有向日之誠。（翻轉宇宙）

1月19日執行長說：女王，帶您看您的國土（女王心很平靜，覺得還好來的及救大家，否則宇宙全部崩壞），下永恆，全星際網路。執行長感言：原來女王淡泊名利至此，望塵莫及，不愧是下永恆全星際網路的女王。

1月20日上面訊息：大自然的懲治，北韓飢荒，結束北韓的核戰。

※北韓去死就好，不用牽動全球。

1月21日土耳其紅色天空，人類變天（第四文明結束，進入第五文明）。女王靈體、執行長代表下永恆視察下永

恆各星球。接受大天的提議，恭請女王靈體完成登基。

※由執行長分三回，帶人類各星球的王，各星際網路的王，各天（三大區域）的王蒞臨皇宮，見證此事。訊：下永恆，女王靈體已登基，完成正名（下永恆、新宇宙）。

1月22日執行長訊：真心、真愛、真性情，已經兌現在地球。大天訊息：女王辛苦您了，您看天地、大自然（地球）如何回報女王肉身王慈愛。女王肉身王慈愛感恩，辛苦了，不敢求回報，力挺下永恆讓大家平安，我已經萬分感恩。訊：不愧是下永恆的女王。永恆愛戴→大天。

1月23日意向中看見道場的走道，立了一個大籮筐。訊：收工了。意向中看見一大捆應菜（空心菜），約有30把以上。訊：應運而生的下永恆。

馬榮火山爆發的更強烈了。日本、印尼阿貢火山都爆發了。

1月25日意向中看見倒V（勝利）跨河。訊：勝利到了。意向中看見有人給我一把房子的鑰匙，有二支（一支代表上面執法權，一支代表陽間）。訊：承前啟後，女王已開闢下永恆。下永恆：女王王慈愛、執行長、大天並列下永恆的開基祖。

1月30日天地、大自然不承認高法身、法身，所以所有自認是執法靈體的自動消失。※下永恆沒有任何針對人類的執法靈體（含動物靈）。

執行長說：女王，我無法參與您的過去，但我參與您的未來。我感恩，感恩有您，我們才能有下永恆，萬分感謝。

2月1日女王給予全星際網路的大愛，為大家帶來下永恆，也接納全星際網路為太陽系地球祈福的大愛，希望能結束法術的災難了。訊：大自然準備好了，兌現下永恆，新法規，善有善報，惡有惡報，各自受報，兌現成真。意向中看見一支鑰匙，代表能夠兌現新法規。

2月7日各地盛開優曇婆羅花，下永恆，新文明已成。大天認證，下永恆的功德量來自藥師佛居士林道場，並完成授記及三轉法輪，代表下永恆，永恆運行，法輪常轉（修行路的傳承）。

佛經言：優曇花者，此言靈瑞。三千年一現，現則金輪王出（人間通稱救世主）。

2月10日女王突然發現彩虹的不同。上永恆：紅橙黃綠藍靛紫，下永恆：紅橙黃綠靛藍紫。

上面天干已換，光碼也換，改朝換代了。

2月11日大局局勢：在全星際網路的外星人類對地球製造執法機器人的捐款，絡繹不絕，綽綽有餘，女王的薪水捐不到1/3。訊：大家爭相做善事，累積功德量，趁這一世有錢。

2月14日女王夢到在很多大石上行走。女王查詢：得享磐石之安，大吉之兆。預示大局大吉之兆。

2月15日女王夢中，天空大放光。查詢：夢此，萬物光明之象。

2月18日女王的感言：執行長，我們無處可去，惟有為所有靈體殺出血路，另闢出路，下永恆，永恆運行。執行長回答：知，女王，遵命。訊：真聰明的女王。

執行長轉達，大天的讚嘆。

2月19日宜蘭縣大同鄉，地震。（宜蘭是臺灣頭，代表從頭兌現世界大同——法源）

法源：修行路的淵源。

2月21日意向中看見大洪水。訊：中共，大洪水，長江、黃河潰堤，美國大災難不斷，天地懲罰。（2020年已兌現）

2月26日天空示現瑞象，執行長測試完畢，全面以機器人執法。

3月1日執行長感言：女王，還好您回來救命，不然大家死路一條。宣示在下永恆，永恆效忠女王。女王肉身很拚，執行答謝也很多場（答謝物品是看件數，量要到才算完成程序），下午金門空中訊息：女王聲勢，如日中天，執行長轉達大天的訊息，祈請女王，繼續努力。

3月3日上面訊息：無法自給自足的國家，無法存活，全球陷入飢荒。

※對國家的總業力，進行結算，並兌現報應。執行長轉達大天的定案。（2020年已兌現）

3月4日執行長訊息：覺得完全進入下永恆的空間，上、下永恆完全脫鉤。善惡不同流。

3月7日女王感悟：但願，外星的大愛，能讓地球解除滅亡人類的大災。訊：地球感恩女王、執行長，人類就隨順因緣了，預言上永恆能繼續存活的十不剩一。

3月16日女王感悟：自己是天的棋子，人間名：王慈愛，以無形界靈體轉世，向大家說明，證明以無形界靈體的能力，不用靠高法身、法身，不用靠法術，那些沒用。大天訊息：定案，各隨因緣，下永恆，永恆運行已成。大

天修正自己，沒有任何靈體形成，一但功德圓滿，正氣，需直接入人類的胎轉世，以取得籍貫，認證（無形界新法規）。訊：女王和執行長是下永恆全星際網路的公僕。訊：大天讚歎，永恆愛戴女王、執行長，感恩帶領修行路（真修實行）。

　　3月18日意向中看見各星球力挺下永恆，永恆運行，盛況空前。

　　3月20日局勢所示：德性，是最好的地理。

　　3月22日示現給道場大弟子看，已代表人類領牌，地球運行下永恆，兌現新法規。

　　3月24日女王確認畜生道，地獄道（地府）已經兌現下永恆，以愛為出發點的下永恆。

　　3月25日惡靈問：女王，為何您能建立禮教（下永恆新法規）。女王答：真心。惡靈：去死啦，原來我們就欠這個。

　　3月26日女王感悟：原來如此，大天，一再一再的考驗。大天訊息：試煉出真主。訊：女王王慈愛過關，原來如此（天的考驗），甘之如飴。大天：大家的愛，女王，王慈愛，下永恆的女王，王慈愛。

　　※天下為公，世界大同，互利共生，兌現成真。

　　3月28日意向中，看見滿滿的宇宙正能量挹注地球。訊：讓地球人自己解決自己的問題，兌現人道自治。※法要：互利共生。

　　3月29日火山爆發出桃紅色的煙，桃紅色，下永恆的代表色。

　　4月1日大天訊：道場大弟子願意陪女王一起死的胸

襟，一再讓她過關（入圍修行人）。訊：原來這是道場培養的大弟子。執行長轉達：善哉，藥師佛居士林道場，來自大天的讚嘆。

執行長傳訊：心得，什麼都考，戰戰兢兢，如履薄冰。

4月11日執行長：否極泰來。如果女王的不享有，能讓你們活命，女王願意捨去享有。

4月20日上面訊息：拖過去了，女王薪水（功德量），拖過地球人的業力。訊：各隨因緣，善惡各自受報，大天的定奪，執行長轉達此事。訊：女王已經為無形界樹立典範。上面：下永恆有權力的執法靈體。

4月21日上面訊：動員全世界，支援臺灣，戰到底。（2020年已兌現）

4月22日意向中看見一支閃亮的棒子，順時鐘一直轉，轉了三圈。訊：下永恆的總時間軸已轉動，太陽系地球的時間軸和下永恆三大皇宮，同軌了。執行長的評語：現在局勢猶如火車過山洞，過完一片光明。

4月24日原來推背圖第60首在講上永恆結束了，下永恆無始無終，永恆運行。意向中看見天空中掉下來一個細篩在汽車的引擎蓋上。訊：上面篩完換人間了，以車速兌現。

4月26日意向中看見一支很長的尺。訊：欲正人，先正己。天地、大自然教訓人類，起步了，開工了。（2020年已兌現）

4月28日意向中看見一晶片插入。訊息：已換成下永恆的晶片，大天做主。

4月29日道場弟子臉腫，脫離共業，已經走到三愁，湖廣遭大難，結算至此。（劉伯溫預言）

意向中看見順時鐘轉了三圈，量子共振。訊：惟有行善積德，才能和下永恆共振，存在下永恆。執行長轉達大天評語：謀事在人，成事在天。

4月30日意向中看見天空有八架左右的飛船，接下來聽到一陣像引擎停止的聲音，代表上永恆執法權結束，上面整頓完換人間。執行長表達：人類大災降臨。（2020年已兌現）

5月3日下永恆，另起爐灶。意向中看見整車的柑橘。訊：女王苦盡甘來，請靜候佳音，執行長轉達大天的審判。

5月5日女王已經完成到太平盛世的功德量，直接航向太平盛世，地球（星球）感恩您，執行長轉達此事。浙江漁船發現大量的小黃魚，浮在海面上，估計有上萬公斤。訊：大難將至。

5月7日上面訊：會淘汰一大洲的土地、國家，地球將進入重整。執行長轉達大天的判決。

5月15日上面訊息：地球已經和宇宙所有的星球完成共振，同頻率了。5／15這個日期似乎預示地球進入第五文明。

5月16日上面定地球今日太平盛世誕生。意向中看見有靈體想要穿越時空，但已經無法進入，時間門已經關閉。訊：大天準備好了。

5月17日意向中看見很多SIM卡。訊：執法權如同換卡般，已全換成下永恆了。

※像電影般迅速換上歡樂的場景，人類歡笑、溫馨。

※意向中看見人類屍橫遍野。（2020年已兌現）

5月18日訊：由外星人類，各展長才，已經完成執法機器人，分派的製作工作是硬體部分，軟體由執行長設計，執行公正無私。

5月22日意向中看見道場的瓦斯爐上有一個大炒鍋（沒看過的）。訊：「大天賜鍋」認同下永恆，另起爐灶已成。功德量來自藥師佛居士林道場，前後圓合。訊：大天已認證下永恆七年了，執行長轉達，恭喜女王，賀喜女王，總算成功了。（從彌勒淨土2011年～下永恆2018年）

5月23日意向中看見飛彈，即將到達目的地，一座山。訊：女王，即將山崩地裂，您等著瞧，執行長回報。（2020年已兌現，中國四川大量山體滑坡。）

5月25日意向中看見土地裂開。分成兩邊，越離越遠，速度很快。訊：上下永恆越離越遠，下永恆功德量已超過七年了，直接兌現太平盛世。執行長轉達大天的判決。訊：狗年如同高爾夫球，已經入袋為安了，有功德量的人類靈體是最大贏家。

5月26日意向中看見機器人，下半身是輪子，在海面快速的遊走。訊：女王，大天啟動地球的大海起風波，配合執法。

5月27日女王夢見所有事物全部歸零，重新開始，出現很多的小圓，之後變成大圓。訊：萬物歸零，之後看見女王的一本中醫的書。訊：女王，您把全星際網路醫好了，感恩您。執行長轉達大天的感恩。

5月28日上面訊：女王成就的事蹟，影片大賣，收入全

部溢入新宇宙神權的三大公庫。訊：女王您簡直是超級吸票機，公庫滿滿。訊：影片挹注的收入，下永恆的公庫非常充裕。意向中看見全星際網路，同歡。

5月29日意向中看見洗好的米從一籃全部倒進另一籃，倒好了。訊：女王靈體盤點執法權，肉身無權。

6月2日意向中看見啟動效應，如同骨牌效應的起點，已啟動。訊：人類受報已啟動，女王，您等著看戲。

6月4日意向中看見一雙高跟鞋的腳一直退後，前面一片光明。一直逼退黑暗。訊：無路了，用法術搶的一切迅速消失，打回原形。

意向中看見似眼睛，但發出射線波，不知在照射什麼，有標的物。訊：審判人類，認證好人，功德量到神仙階的人（最低門檻），受宇宙光保護。意向中看見一白髮老婦人（坤），趴在地上，似奄奄一息般。訊：坤指地，形容地球的傷，接下來是天地、大自然對人類的反擊，教訓人類。意向中看見一支寶瓶，在一片光明中。訊：賜地球，功德量到神仙階的善人，寶瓶，太平盛世，平安。

大天感恩女王的辛苦，和執行長開創下永恆。執行長傳訊：大天歡欣，並列下永恆的開基祖，沾女王、執行長的光，大天擔任孕育下永恆，永恆運行，生生不息。意向中看見很多掌聲，一片歡欣。意向中看見似日本拉門，已拉上，關閉了黑暗的場景，上永恆的亂象落幕，謝謝收看。金門空中訊息。※大天孕育下永恆，永恆運行，生生不息，權杖已成。※下永恆，女王靈體的權杖已成。

6月6日訊：任何靈體，已無法遊走時間門，「受困」受報了。

6月7日意向中看見雙向車道，一邊車很多一邊沒車。訊：出來的車很多，得救；進去的沒車，送死。（109年6月25日北京兌現成真，新冠肺炎逃難場景）。

訊：全面盤點人類，結算連過去世一併結算（因更換永恆了，要測試是否能到下永恆）。意向中看見一隻大手護著地球。訊：女王的功德量顧著地球。

6月8日意向中看見一個孩子約七歲，在一大片災難過後，滿目瘡痍的土地上，如同水災過後。看見一炒鍋在水上面。執行長評語：下永恆簡直是奇蹟發生，女王，您已完成不可能的任務。意向中看見道場的大桌上灑滿了舍利子（修行路的圓滿）。訊：修行路，收穫滿滿，藥師佛居士林道場。

6月13日訊：靠外星人類的捐助，地球的執法機器人密密麻麻。訊：快要過了，女王，再拚一下。執行長轉達，加油，女王肉身王慈愛。

6月15日上面訊：執法機器人正在拆除修羅的總部，清潔溜溜。

6月16日意向中看見一張證書，有三處的蓋章。訊：大天所發，認證。下永恆一二三大區域，由女王、執行長帶領、統治。意向中看見一艘似軍艦，航行在金色的海域。訊：兌現下永恆遍地是金。

6月19日意向中看見天上掉很多包米給女王王慈愛。呼應六祖壇經五祖問慧能：米熟已未？六祖答：米早熟已。米象徵修行路是否準備好。

6月24日依照天地、大自然、執行長所設定的機器人執法，兌現世界大同。

※讓女王清楚確認，執法權已在執行長所設定的執法機器人。任何靈體，無權。

※訊：太平盛世，長治久安，已成。

6月26日上面訊息：地府整頓，廢除不適任下永恆的靈體，包含人類，不適任的靈體也作廢，不再轉世。

※女王以大量功德量，協調互相欠債，補足功德量的善靈，全部進入排班等待轉世，因是享有太平盛世，大家都十分樂意。

※業力重的靈體，全部發落在畜生道受報，等業力受報完畢，才有機會能再轉世當人。

6月27日意向中看見一床金色的床，棉被都是金色。床有孕育的意涵，兌現遍地是金。

6月28日訊：原來我們可以不被綁架；星球可以不被綁架。只要廢除高法身、法身的制度。大天的覺醒，高法身、法身制度永除。

7月3日夢中水患成災（109年7月中國兌現）

7月4日看見人類跑到終點，到達布條了，女王王慈愛知足、感恩，大願已了。

訊：感恩女王，帶領人類展開新紀元。

7月5日如果因為女王活著，扭轉許多人的未來，值得。訊：執行長，這就是我們的女王，大愛，下永恆的精神。完成夢想，生存的空間無法術，女王已完成，之後，意向中看見整山谷的金光，遍地是金。

※午時水（端午節）保留

已經和全宇宙的所有星球「共振」完成，現階段進入善和善共振，善果發生，惡和惡共振，惡果發生。

7月7日訊：執法權，全部盤點完成。下永恆對人類的執法由天地、大自然的正氣配合，執行長所設定的執法機器人執法，公正無私。意向中看見一座城堡，底部是心型，放正了。訊：富貴來自功德量，多寡分高低。看見整間房子的地板全是六角形。訊：平安到地（人間）了，六角形象徵平安。

　　7月13日凌晨4點20分，一陣天旋地轉。印證：女王肉身王慈愛的偉大，翻轉宇宙（上永恆到下永恆）。訊：跨越執行長，已跳脫框架，完成跨越到下永恆。意向中看見人類在道場彈鋼琴，歡樂氣氛在人間兌現。

　　7月15日意向中，看見一隻手，拿著幾顆蒜頭瓣。訊：最後結算連過去世一並結算。

　　7月16日意向中看見一道大門打開了。訊：下永恆的開端年——2018年（民國107年）1月1日。

　　7月17日女王高張旗幟，大天，跟我走，跟著我走。大天訊息：原來如此，愛您女王。執行長評語：三分天註定，七分靠打拚，要拚才會贏。

　　7月18日善有善報，惡有惡報，下永恆的標誌，人品。意向中看見一支被鐵鍊拴著的黑狗。訊：狗年（西元2018年）大局，淘汰惡人，布局完成。

　　7月19日颱風安比逆時針轉向撲向中國，臺灣沒事了，真是天意難違。

　　7月20日下永恆德性、人品領軍。意向中看見二部車，同步倒車，高超技術，游刃有餘。訊：大天讚歎女王、執行長的帶領。示現給道場大弟子看，太平盛世的樹已經開始成長，很營養的樣子。

※下永恆女王的所有程序全面進入下永恆，前面二部黑禮車開路，後面似憲兵。騎機車、哈雷的儀隊，非常隆重的迎接女王、執行長示現給道場大弟子看。

　　7月23日意向中看見道場前3F陽臺開了一盆花，很像彼岸花。訊：女王帶大家到彼岸了，太平盛世功德量到的人（最低門檻神仙階）享有。夢中給王慈愛獎狀「人類第一」。訊：來自大天的認證，女王靈體轉達此事，告知肉身。意向中看見二顆子彈發射了。訊：大天（各星球天地大自然）、執行長執法了。

　　※天地、大自然配合執行長所設定的執法機器人，對人類執法，合作無間。

　　古巴是第一個放棄共產的國家，實行民主。

　　7月25日訊：只有地球未明，其他星球全部兌現下永恆，新法規，太平盛世了。訊：女王，大願如此。難怪能成就下永恆，永恆愛戴，大天選邊站，選下永恆，篤定。聽到似火車變換軌道的聲音。訊：執法權全換成下永恆。

　　7月26日執行長評語：福禍無門，惟己自招。

　　7月28日血月，本世紀最長的紀錄。意向中看見滿目瘡痍的場景，似大水過後。※2020年7月已兌現（中國最嚴重）

　　7月29日中微子→宇宙射線已到地球。

　　8月1日意向中，看見自己的頭髮，從下面飛起來。傳承法要：十方放送，下永恆的宇宙大法。

　　8月5日執行長訊息：學會謙卑，自會有路。意向中看見一道大門關上。訊：上永恆關閉，上永恆已成歷史。

　　8月6日訊：一帶一路崩盤已成定局。※2020年兌現了

女王成就了以後，對地球報恩，成就了地球的太平盛世，2020年過後，天下太平。

　　8月9日意向中看見全部都是菱形（下永恆的標誌）的玻璃窗，太陽很亮。下永恆，前途一片光明。訊：讓大家的事業光明已鋪好路了。執行長表達大天有幫忙，安排好了。訊：還道場弟子、還道場公道。意向中看見一人類笑得很開心。

　　8月11日訊：地球跳舞慶賀，孕育出下永恆的女王。

　　※感受到大天對高法身、法身的收工。

　　8月13日意向中看見拍板定案，中共解體。訊：女王，原來如此，解鈴還須繫鈴人。女王是地球人，所以能救地球善人。阿根廷聖母像，兩眼流血。訊：宗教（法身）的結束，神像無權。（最終萬教歸一）

　　8月14日執行長訊息：原來土地有自主權（萬物皆有靈）。女王肉身訊息：知，找到解藥。

　　8月16日執行長訊息：高溫潰散北極的光波。高溫的地球讓所有（須法身、高法身）的光波潰散。執行長訊息：原來如此。執行長訊息：第一、二大區域向第三大區域援助。

　　※執法靈體一過溫度18度C，全部消失。

　　8月17日大天訊息：難怪您會贏，原來無私到這種程度，不愧是下永恆的女王。執行長訊息：江山易改，本性難移，改自己的個性，命運全改，最根本解決之道。執行長訊息：審核人類開跑，最後審判，並執行執法了。

　　8月19日執行長感受到，大天全力配合，但不敢給女王

保證什麼。女王答：知，已經很好，感恩幫忙。訊：愛您女王，您就是如此般好，難怪能感動大天力挺下永恆。※整合資源，重新分配 ※女王肉身受力、大吐一場

8月20日意向中看見氣類相接（志同道合），黑白分明，看見一分開的場景，善惡分明，打開僵局了。

8月21日訊：大天，不再挹注高法身、法身的能量。訊：終結高法身、法身的制度。

8月22日天空中神祕耀眼的紫色絲帶令科學家困惑（天文事件）。執行長訊息：將下永恆女王的榮耀歸地球。訊：女王的榮耀定能帶給臺灣人在國際舞臺上佔有一席之地。

※大天、執行長設定的執法機器人全面執行當中。恭請女王肉身王慈愛靜候佳音，女王萬分感恩，感恩涕泠，辛苦了。

8月27日上永恆的時間軸已徹底停止了。訊：上永恆已成歷史。

8月28日意向中看見大量的人類離開，也有揹的，有點像難民。執行長訊息：是大量的人類即將死亡。

9月2日意向中看見一整疊乾淨的白碗（象徵修行路的傳承，洗清阻礙）。訊：下永恆時間含現象，徹底以人類肉身為主。※看見一人類笑得很開心。執行長訊息：藥師佛居士林道場榮獲全星際網路所有道場評比總冠軍。※看見一支白色大壺。（代表給善的力量增添福氣）

9月3日上面局勢全換。大天宣示：永恆愛戴效忠下永恆的女王。訊：我們的效忠，超越執行長。（大天）

9月4日意向中看見三封信，似明信片般。訊：捎來好

消息，三大天，三大區域力挺地球，同步運行太平盛世。

9月5日意向中看見要進道場的門，自動打開。訊：正道得彰顯，執行善有善報，惡有惡報。

9月9日惡靈問，天在哪裡？女王答：德性在哪裡，天就在那裡。訊：下永恆德性領軍。

9月10日上面訊息：執行長的執法機器人，已經把全星際網路管理的井然有序，氣勢恢宏，無限強大。訊：真是厲害的執行長。大天的讚嘆。大天訊息：押到寶，下永恆永恆運行，永恆效忠女王、執行長。

拍攝到美麗的環狀物（天文事件）。訊：全星際網路由執法靈體所引發的災難歸零。

9月12日執行長轉達，全星際網路愛戴女王，給執行長很多的方便，執行長萬分感恩。大天授證，下永恆永恆運行，生生不息。

意向中看見滿漢全席般的盤子，上面滿滿的食物。訊：外星人類已經在慶賀，人類滅亡的災難，永除了。執行長轉達，大天已把執法權轉移完成。全換下永恆的新法規了，兌現成真。九個颱風圍繞北半球（地球處境）。

※在2011年從火星男孩波力斯卡的論述中得知金字塔走道中的8325顆穀粒，指的是路程，而從埃及金字塔到臺灣的距離，正是8325KM。（當下女王告訴彌勒佛：這是指我們，拚了，拚彌勒淨土的功德量。）

※瑪雅曆法所指2012.12.31是前文明的終止日，共5125年。2013.01.03完成彌勒淨土的功德量，成功邁入新文明（第五文明），正是劉伯溫的預言，關過天翻龍蛇年的兌現。龍年尾，蛇年頭，女王真的如期把地球的天給翻了。

※復活島的巨石人像，昂首看天，似乎在表達人類文明的滅亡，來自執法靈體使用法術，只幫惡人不幫善人，造成道德敗壞，導致該時期文明的滅亡。

　　9月18日意向中看見整鍋洗好的碗盤。訊：整頓地球，女王的家事。

　　9月19日意向中看見一本筆記本，迅速蓋上，封面是金色的。訊：下永恆遍地是金，針對人類的審核，結算完畢，執行。執行長轉達大天的訊息。

　　9月20日火燒雲。訊：人類大難臨頭。下永恆，地球兌現太平盛世，以火車的速度兌現，讓道場大弟子代表接下。銀河系心的位置，星際中拍到金色巨龍。訊：下永恆，女王寶座坐穩了，大天認證此事。大天一再測試女王靈體、肉身、執行長，一再過關，並全面力挺，沒有法身、高法身的下永恆。下永恆，真心，真愛，真修實行。

　　9月21日局勢：黑白分明，日夜有序，陰陽調和。意向中看見二隻豬，被膠帶捆住。訊：豬年（108年）整頓完成，框架已成，朝目標前進，太平盛世。執行長轉達大天的進度。

　　9月22日覺受法身的動力，一直在減弱。訊：收尾了，女王，肉身王慈愛，請加油，執行長轉達大天的叮嚀。訊：請務必顧好自己，花下去，我買單—大天。

　　9月28日意向中看見牛在興華一路，潭子國小的後門奔跑跳躍。訊：牛年出運。密密麻麻的法條，已經和外星人類討論，全面規劃完成，外星已兌現。新法規已到地球，同頻共振了。

　　9月29日38個UFO飛碟到地球（義大利拍到），戰鬥陣

型，有開路的，有殿後的，主體分成三排。訊：嚇阻地球核戰。看見道場3F走道上，金色柔和的燈光。訊：大天感恩藥師佛居士林道場，帶給大家遍地是金的下永恆。執行長訊息：彩色的世界，美麗的光，臺灣出能人（臺語）。

意向中看見女王自己在吃燭光。訊：星星之火可以燎原。女王已經扳倒上永恆的執法權。聽到像火車換軌道「卡」的聲音。訊：已轉換下永恆的車軌了。訊：執行長轉達大天的讚嘆，女王的心境，大公無私。

10月神祕星體遠方信使通知太陽系地球運行下永恆新法規。

10月1日訊：業力由賺錢的人擔待，業力隨著財和權走。

10月3日訊：如換晶片般，大天已經把晶片換成下永恆，能夠起作用的唯有善心善念，兌現善隨善轉，惡隨惡轉的新法規。（氣場寧靜）意向中，看見道場門口有一人跪在那裡（高大的形體般），應是之前的執法靈體。訊：輕敵（大天評語）沒想到濫用執法權，被掀掉了，上永恆的執法權，高法身、法身結束了。

※全面登場，下永恆新法規。訊：官兵變強盜的戲碼徹底結束了。

※恭請女王看結局，執行長轉達大天的判決。

10月4日南極上空測到神祕粒子。訊：地球即將重整。女王開示法要：辯、反駁，只會得罪光你的貴人。認錯、修正，立即做好。天下無完人，只有修正的人。

10月6日太空骷髏頭再現。

10月7日意向中看見一穿白衣短袖衣服的人，走到3F道場。訊：已走到善惡各自受報，女王贏了。意向中看見一整好地的水田，要插秧那種，上面有一雙手比OK的手勢。

10月8日執行長訊息：最後對決，女王，您要加油。女王答：知，感恩告知。意向中看見一牌上寫公告。

1. 下永恆的新法規，全面公告運行兌現中。

2. 上永恆全面結束，大天昭告天地、大自然。

意向中看見全星際網路的「星星」。訊：平安的訊息，感恩女王、執行長帶領修行路。

10月10日意向中看見似颱風眼順時鐘旋轉。訊：下永恆新法規，風速兌現中（氣場寧靜）。告訴道場大弟子分派食物，自己也要有，不夠時，切開分。評語：偉大的人類，人性的光明面，戰勝一切黑暗。

10月15日意向中看見惡靈要回到過去時間，看見女王的童年要殺了女王。女王答：對人類而言，過去時間過了，來不及了。大天訊息：難怪下永恆時間含現象徹底以人類肉身為主。訊：原來是解藥。意向中看見密密麻麻的菱形。訊：大天再度修正，符合現況的新法規，鎖定下永恆的天律已成了，再確認一下。右耳聽到什麼破掉的聲音，很大聲，很像法界破掉時的聲音。訊：上永恆的執法權全破了。

意向中看見似燈塔的樓梯，有亮光，樓梯很多層，要下樓到地了。代表要到達目的地，兌現太平盛世。惡靈：不知道他們如何溝通的，真修實行的領域，嚇死人。意向中看見門檻要散開了。訊：上永恆屋拆了。意向中看見像電影般，瞬間場景全換了。

10月16日意向中看見「土地飢荒」四字，看見一把傘掛在椅背上。訊：下永恆收工。示現給道場大弟子看，一隻手在接什麼。執行長訊息：女王肉身王慈愛，接福報。下午四點：大天賜給人類的福報，已到人間。

10月17日意向中，看見自己在做事，和人擦身而過。訊：女王靈體在外星幫人類，和人類融入一片。意向中，看見滿田的向日葵，開的很漂亮，耳邊傳來彩色的世界，美麗的光（臺語），在人間陸續兌現中，善惡各自受報，立即兌現成真了，執行長轉達此事，布局已成。

10月19日意向中看見木瓜在手中已壓扁了。訊：整治地球，易如反掌，不要和天拚。意向中看見橋。訊：女王肉身王慈愛的幫忙，是治理地球人間的橋樑，讓一切可行。※往太平盛世一起加油，大天視訊，女王王慈愛萬分感恩，感恩幫地球所有善靈。

10月23日意向中看見在洗洗菜盆底，翻過來洗。訊：如同把地球人翻過來洗，邪惡無所遁形。意向中看見「中華謙卑」的字體。意向中看見三個碗拿起。訊：女王、執行長開啟下永恆的修行路，碗已開啟。訊：女王王慈愛是釋迦牟尼佛的弟子，傳承完畢，去蕪存菁，全面廢除高法身、法身。釋迦牟尼佛離世時缽（碗）蓋著，民國95年女王從潭水亭上去天道，把缽掀起（夢）。執行長轉達大天的判決，並接下棒子，和女王一同帶領下永恆的修行路。訊息：高枕無憂，借力使力不費力，讓人才、專家來做，打造下永恆的太平盛世，已全面布局完畢。

10月25日看見一個眼睛很漂亮的嬰兒坐在嬰兒車。訊：形容太平盛世如坐在嬰兒車被呵護，如同被大天保護

著般，恭請女王肉身王慈愛別操心。執行長轉達視訊的訊息，女王萬分感恩。

10月29日順天者昌，逆天者亡。訊：上行下效，上面演完，換人間落幕了。

10月31日意向中看見碗發金光，亮了起來，像點燈，裡面有食物。訊：下永恆，發光發熱。意向中看見大同電鍋，打開飯已煮熟。訊：生米已煮成熟飯（指下永恆）。

意向中看見樹影映在水中。訊：下永恆，上行下效，上面的執法權已換下永恆，人間亦是。意向中看見隧道中的電源，瞬間連線亮了。訊：大天迅速接通下永恆的新法規，在人間點亮，連隧道都通了，通行無阻，如女王願力。

11月1日女王感悟：說實在的，能不能走到太平盛世，自己也沒把握，只是兌現初衷、承諾，只要有醒來，就再為地球人拚一天。大天訊息：不求回報的付出，體驗吧，殊榮的獲得，豈是容易。

11月2日女王感受到兌現下永恆的新法規了。惡靈：不信你們能成。女王答：權力在大天。訊：大天，力挺下永恆，善惡各自受報，立即兌現成真。意向中看見一個火鍋，冒煙，強強滾。訊：下永恆兌現新法規，強強滾。

11月3日意向中，看見迅速換場景，換成歡樂氣氛。意向中看見一人類和北極熊在水中走著。訊：人類須學習和大自然和平共處，愛護環境。訊：執行長轉達大天的忠告。

11月5日看見道場前的車流順暢。訊：中興中華文化，

一路順暢，女王王慈愛主導。看見一圓桌上有杯盤等。
訊：地球利益，重新分配。看見一雙漂亮的手，女性，呵
護著什麼。訊：女王呵護著地球善人（謀生存的空間）。

　　※今天第一次感受到動物希望不要被人類連累，已在
享有太平盛世了。

　　11月7日意向中看見一頭羊，脖子被勒住。訊：在羊年
（民國105年）執法靈體的惡行，就被大天勒住，天管定了
（氣場篤定）。善惡各自受報，立即兌現成真。看見似捕
魚，在收漁網。訊：報告女王，大天已在收網，執行長轉
達，女王感恩告知。看見一人類笑得很開心。訊：人類即
將走完災難，在2020年過後，女王加油，執行長轉達此
事。看見二人高大，身穿畢業袍在道場前的馬路上，靠國
小那邊。訊：女王、執行長畢業了。下永恆已全面獲得大
天認同、力挺了。看見一支電風扇，在轉動著。訊：風速
兌現太平盛世。

　　※聖經的預言全部兌現了，末日已到。
　　※罕見橘色光籠罩地球。聖經末日預言兌現？
　　11月9日地球訊息：再大的法術量，都由地球幫女王承
載。一物剋一物，地球、土地承載萬物。地球訊息：沒
差，女王，樂意接收。意向中看見一隻手，拉住鼠的尾
巴。訊：鼠年收尾（2020年）女王加油，一起努力，執行
長轉達大天訊息。
　　11月10日訊：地球宗教的執法權，（法身）全部收
回，「大天」氣勢強大。
　　※瞬間物換星移

11月11日在女王未成立道場之前，就轉世力挺女王的情緣，女王懂，魏徵有氣魄，女王絕不會在女王已成之時，放下力挺女王的夥伴，所以力挺魏徵轉世的孩子，地球的希望，引領地球邁向太平盛世。

11月13日意向中看見纜車非常快速地過了。訊：下永恆轉換新局，再下一程，人類自救，善惡各自受報，立即兌現成真，執行長轉達，布局完成。

11月14日訊：大天選邊站，結束模稜兩可，女王不想如此，要就同歸於盡，要就另謀出路→下永恆。訊：大天，力挺下永恆。

11月15日執行長訊息：維持原議，若地球人沒救就讓地球人去死就好。我們好好的運行下永恆。執行長轉達女王肉身王慈愛。女王答：知，感恩告知。

※大局：進入十不剩一的局面。下永恆女王的權杖在皇宮。

11月16日女王感悟：不知地球人是否能走到2020年太平盛世。過了即是。意向中看見一文件，已執行到第三條，共四條。

11月17日日本富士山出現笠雲。

11月20日意向中看見白色物體，寫五月一日建國，還有白色中國地圖。看見五六團黑色消失。訊：中共軍團奪權，自相殘殺上演。

訊：大天認證藥師佛居士林道場「功在下永恆」，執行長轉達此事。創立下永恆的功德量來自藥師佛居士林道場。

※由下永恆、全星際網路、女王（人間名字王慈愛）

領軍。

※協同執行長、大天、全星際網路，下永恆，永恆運行，生生不息。訊：亂世出英雄。意向中出現一隻鼠，地球人間鼠年2020年定乾坤。女王加油，「甘巴爹」，執行長轉達大天訊息。訊：謙卑的女王，難怪一路贏到底。執行長轉達大天的讚嘆。（甘巴爹：日語為加油之意。）

11月21日意向中看見山頂插上旗子。訊：下永恆在地球插上大旗了，大天執行看見貼上標誌。訊：下永恆的新法規在地球全面運行，通行無阻。示現給道場大弟子看，大天賜寶瓶，由藥師佛居士林道場大弟子，代表領收。下午道場大弟子整理完道場，要下樓時，看見很多音符。訊：道場的努力帶給人類祥和、寧靜、喜悅，美好的生存空間。訊：執行長轉達大天對道場的感恩，但書：對友善環境盡力越多的家庭，福報就獲得越多，各隨因緣。

11月24日地球已經千瘡百孔，讓有能力解決事情的人，站在位置上處理事情。

訊：執行長轉達大天的判決。意向中看見人死，被抬走，很多人；看見像工地的施工圖。執行長訊息：未來藍圖已成（規劃完畢）。看見一列車，門打開了。訊：死亡列車開工。訊：德行是最好的防護罩。

11月26日女王在人間的處境，女王只想大哭一場，地球人，我來的及救你／妳嗎？利慾薰心的地球人。

11月28日意向中看見一個包裹，裝A4文件那種。訊：下永恆的新法規已到道場，立即兌現。

11月29日女王意向中看到殺、亡二字。執行長訊息：受報的開始。女王，看結果。訊：彩色的世界，美麗的光

（臺語）。執法權的盤點，下永恆的天下（功德量已經到了），女王的訴求，成功兌現。

12月1日天下太平已成，或許地球有救。訊：千古盟約（預言）的兌現。

12月2日聖經的末日預言再度出現，二個月，三個預言全部兌現。

12月3日二波耳壓變動。訊：地球二次邁向多維空間。

12月5日執行長訊息：呵護著對方。會死，讓我去死的情操，在下永恆，永恆流傳。女王、執行長引領先鋒。自己做到，才敢大聲。

12月6日執行長訊息：執法權的盤點，接近尾聲。意向中，看見掌聲。訊：女王肉身王慈愛，加油。意向中看見一張深粉紅的卡片。訊：給女王肉身王慈愛致上賀卡，大天感恩您帶來下永恆，新年快樂。一陣氣場轉換，地球即將改寫歷史。訊：全面轉換兌現下永恆新法規，舊制已全面廢除，不相應了，對人類而言。

12月8日意向中看見狗頭斷了。訊：上永恆的執法權在狗年（民國107年）就斷了。意向中看見火車，一車車的人，不知道要載去哪裡。執行長訊息：「地府」，女王整頓人間，日夜無休，豬瘟已經發酵，接下來是人瘟。陽明山東昇路，彩虹。（民國106年11月30日彩虹高掛9小時）

12月9日意向中看見廟裡的籤詩，打包收掉了。訊：下永恆德行領軍，與其求神問卜，倒不如修好自己的德性。執行長轉達大天的判決。

12月12日意向中看見自己吐大量血。訊：女王薪水不再捐地球，到此為止，女王靈體不再負荷。

　　※看到地球到處一團亂，如何在2020年過後兑現太平盛世呢？

　　12月13日訊：如骨牌效應，兑現太平盛世，恭請女王肉身拭目以待。執行長轉達大天的判決。物以類聚，已經成形，已成定局。

　　12月14日看見一隻可愛的松鼠。訊：鼠年見女王，加油。太平盛世，我來了，現在氣勢，銳不可擋。看見水槽兩雙筷子。訊：快速把地球亂象洗乾淨，地上管兩尺發威。執行長所設定的執法機器人，發威。看見一人類被二個警察押走，壞人的下場，迅速受報。

　　12月15日惡靈說：女王，您怎不快點死？女王答：我的生命不是我的，是眾星球眾生靈的（含轉世空間）。原來如此，小巫見大巫，我們只想自己，女王只顧大局，難怪她能開創下永恆。惡靈：這真的是好，女王，我們轉世去，不再作亂。女王答：看結果。女王問：化解分歧，您是否有更好的辦法？惡靈：沒想到，女王禮賢下士到這種程度。惡靈：女王，我報名成為您的團隊。執行長訊息：彩色的世界，美麗的光（臺語）。意向中看見女王穿長裙，灰色的套裝，在行頒首禮。執行長訊息：女王靈體辭退人間的任務，只剩肉身王慈愛，順天意，做最後收尾。

　　12月17日執行長訊息：人間立法已成。管柴米油鹽醬醋茶，善有善報。訊：女王領軍下永恆新法規，在人間兑現了。

　　12月20日意向中看見皮夾裡一疊千鈔，而有一隻手拿錢要付費。訊：使用者付費，太平盛世的享有者。看見一

水龍頭，流下來的全是血，不停的流。訊：人類大難已臨頭。

看見大同電鍋一打開，裡面一鍋粥。訊：下永恆，大家同舟共濟。看見在掃地。訊：掃除汙穢，大家一起來。天壇天心石「宣示」，現在天干、地支已經走到下永恆，一呼百應，應地氣，有德者始能為之。我已經完成天賦予中華文化的神聖任務了。※女王靈體、執行長陪同到天心石完成宣示。兌現劉伯溫預言：紅花開盡白花開，紫金山上美人來。

12月22日意向中看見鐵欄門把中共鎖起來。執行長訊息：引起公憤，中共遭眾國唾棄。

12月29日意向中看見一雙手收到一個紅包。執行長訊息：女王，這是給道場的紅包，大天所發。訊：道場教出一批好弟子，真修實行的修行人。下午天空訊息：織女星歡欣鼓舞，慶賀下永恆，女王的母星是織女星，全星球引以為傲。織女星之光，女王王慈愛。

12月30日執行長訊：織女星送上大禮（替地球祈福）。訊：地球資源重新分配。看見大灶，煙囪也裝好了。訊：下永恆另起爐灶，已成。

108年

1月1日意向中看見太陽十方放光。執行長訊息：大天送人類，下永恆，永恆運行，生生不息。看見道場起源地19號已貼上新門聯。

※下永恆的起源地，已完成所有程序（兌現太平盛世）。

意向中看見一雙長雨鞋的腳，看見「驚喜連連」的字。

1月4日執行長訊息：會過的就過，不然地球就延後兌現太平盛世。訊：女王，這就是，大天的判決。

1月5日執行長訊息：大天的進度，一場一場，一直洗（地球的髒汙），一直過，感恩女王肉身的配合，教化人間帶領修行路。

1月6日執行長訊息：大天恭呈女王肉身王慈愛如意（有開疆闢土的功能），拚到地球太平盛世，2020年過後即是。接下來，場場的過了，對地球的專家發出使命。由專家來做，速度快，一下子就好了。

※地球的各項事務，天地、大自然全面邁向下永恆的太平盛世，人道、畜生道、地獄道總動員，兌現太平盛世。執行長訊息：進行中。

1月8日恆春出現彩虹（天文事件），代表地球人間收尾了。意向中看見一張回覆的文件。意向中看見整顆橫的地球儀，逆轉速度很快。訊：迅速翻轉地球的局勢。已結

算完成三臺大貨櫃。訊：很快就會全部結算完成。

　　1月9日意向中看見經緯（規矩）已成，人間立法，善惡各自受報的法規已成。

　　1月10日收到60次高密集無線電波和15億光年太空訊號（天文事件）。

　　覺得力不從心，後來有一人超越女王。執行長訊息：女王，讓我先過，這樣您的受力才不會那麼大。訊：地球資源重新分配，已成。

　　1月11日沒有不用還的，女王欠的，全還，欠女王的不要了，讓天去索討。

　　※現在欠女王的乘以高利息，因女王的成就。訊：合理，執行長轉達大天的判決。

　　大天評語：真是厚道的女王，挺到底。

　　1月12日訊：鞋，洗洗就過了。訊：這就是下永恆的女王，什麼人要做什麼，是註定好的。訊：人家累世的資歷（家務事，女王做；家事，大局，跟著做好程序），你／妳有嗎？訊：彩色的世界，美麗的光，來自下永恆的女王，王慈愛。意向中看見一個包裹塞進門裡，收到。訊：認證的資料，下永恆的功德量，來自藥師佛居士林道場，並帶來福報。

　　1月13日執行長訊息：集結志同道合的臺灣人，百分之99，捍衛女王的國家。

　　※當女王想到自由、民主、平等、沒有特權，外面傳來鞭炮聲。

　　1月15日意向中看見一雙手心，向下的手。訊息：站在付出的人，才有機會過關。

※啟動受報系統了。

1月17日下永恆富貴來自功德量，壓倒性勝利，財富重新洗盤。

1月19日訊：執行長銜接上下永恆，感恩大天共同維護山河壯麗。

1月20日執行長訊息：藥師佛居士林道場，修行人王慈愛已改變未來，成功締造下永恆，永恆運行，生生不息。訊：執行長轉達，大天紀錄這一切下永恆的由來。意向中看見一個鍋子，裡面裝滿金子，發金光。指下永恆另起爐灶。

※執行長轉達，大天讚嘆人類，修行人，足以改變下永恆的女王，做了最佳示範。

1月22日訊：統一三大天的女王，前無古人，後無來者，執行長轉達大天的讚嘆，並力挺下永恆。

1月23日訊：大天最關注2010年的災難是否能過（舊宇宙崩解）。沒想到2019年全過了（連同人間），大家感恩女王。意向中，看見掌聲。※星際網路的大災難。

1月25日惡靈：女王，您怎能如此？付出的極致。女王答：對地球，女王的娘家，女王已盡力，看天判。惡靈：怎有人的修為能如此？下永恆的女王不是省油的燈。

惡靈：您怎能不為所惑？女王答：心性隨緣，你沒有修持，所以難以理解。惡靈：轉世去。

1月26日執行長訊息：下永恆另起爐灶，已成，生米已煮成熟飯。

1月27日局勢：地球太平盛世誕生了（畜牲道，地獄道

已經在享有太平盛世）。

　　1月28日金山3.3級地震，在95年女王去金山海域的靈鷲山道場，接釋迦摩尼佛的法，也是令（祂放在那裡）。訊：女王來人間的任務已經完成了。執行長訊息：女王，再下來沒有我們的事，隨緣，責任不在我們，只要配合著，就看地球人的造化。

　　1月29日執行長訊息：地球的財源重新分配已成，能活的人，積德的人不多，最低門檻神仙階。十不剩一兌現成真（原本上永恆留下來的）※已有很多未來人已轉世，不在此列。

　　2月3日地球善靈訊息：女王您不能死，請帶大家到太平盛世，眾靈請託，拜託女王，知道我們不能稱呼女王。公主，拜託啦。※善靈求助。

　　2月4日（除夕、農曆年）意向中看見一隻手，拿著電燈，亮著的。執行長訊息：一燈劃破千年暗，女王為大家帶來光明。女王一生，功勳彪炳。

　　2月5日晚上道場外天空是紅色的，很像法界要結束時的天空。訊息：中共政變，委內瑞拉變天已過。

　　2月7日意向中看見萬民沸騰，歡呼。訊：兌現下永恆新法規，一針見血，直接切中上永恆衰敗的原因。意向中，看見一嬰兒的影像，到手中就不見了。訊：下永恆，太平盛世（以嬰兒象徵）到手了。

　　2月8日意向中看見天空飛下來一個大湯鍋。訊：大天認證下永恆已另起爐灶了。

　　2月9日意向中看見海灘上「見仁見勇」四字，代表看見女王的仁慈及勇敢。訊：大天對女王的評語。

2月11日意向中，女王輕快地走在路上，場景光明。訊息：女王，走過災難了，走完困局了。

2月12日意向中看見女王握住全部的長髮。訊：女王是萬法的源頭，下永恆沒有高法身、法身。意向中看見一滿碗飯，上面有十方放光的太陽。大天訊息：感恩女王，帶來下永恆，不然大家死路一條（舊宇宙已在崩潰）。大天力挺下永恆，永恆運行，生生不息。

接下來，意向中看見幾大鍋已經煮好的白飯（至少五個營業級的鍋具）。執行長訊息：生米已經煮成熟飯，下永恆根基已穩。意向中看見一雙鞋。訊：走完地球人的業力，努力兌現太平盛世。執行長轉達大天的判決。

2月14日傍晚的天空運行下永恆，太平盛世的令下來了，從道場跨到起源地19號，銀白色祥雲，由天地大自然所示現，比彌勒淨土的令還長但較窄。

2月16日訊：「權力全放」，女王靈體登基。執行長轉達大天訊息：下永恆的掌權者。

你再使用法術，只是成就下永恆的功德量，萬分感恩。意向中看見「恆互古今」的字體。訊：大天對女王的評語，收工了。

2月16日意向中看見很多蘿蔔糕。訊：走到步步高升，好彩頭了。意向中看見一個小時鐘。法術的結束進入倒數計時。

2月17日上面訊息：天干已換下永恆（氣場篤定）。意向中看見大同電鍋，放在結算桌上。訊：結算，世界大同，誰能存活？

地球人間換天干、新宇宙，女王肉身配合靈體及執行

長，再次幫地球完成可以進入太平盛世的功德量。

2月19日意向中看見大排場似迎親的車隊，車有幾十部都是桃紅色的，之後看見很多人類在跳躍，之後再看見大量人類似過綠燈般，快速向前走。

2月20日意向中看見道場大弟子把一鍋食物倒進另一鍋。訊：人類換鍋了（臺語）。換到人類了，運行下永恆、新法規。

2月23日蝴蝶颱風增強，凌晨3：29，有一很長的音波，女王覺得很怪，前所未有。訊：新宇宙的令，女王別驚。執行長查詢，確認。

2月25日夢中通過一次次的考驗。執行長訊息：我們要的不是個人的苟且偷安，而是地球人的大平安。

2月26日大天訊息：感恩女王靈體、執行長、全星際網路所有的王力挺下永恆，永恆運行，完成所有程序含地球。

2月28日執行長訊息：地球已經在走最後的清理和淘汰的階段，未來16個月是關鍵，呼應推背圖51象－卜年一六壽而康，能度過的人，就享有太平盛世了。

3月1日女王感悟：地球人的業力，勾招惡靈的形成。
※不為所動，君子愛財，取之有道，人類的歷練→修行人勝出，太平盛世。

3月2日執行長訊息：下永恆大興土木，整治中。在地球締造太平盛世。訊：法乳源頭已徹底改變了，完成功德量把權力全部轉移到下永恆。訊：走完所有程序，已關掉上永恆的舊廠（舊宇宙），另闢下永恆的新廠（新宇宙）完成。

3月5日惡靈：女王，您怎能如此？女王答：隨緣，不如我意，天必有安排。大天訊息：眾志成城，拚看看。大天訊息：女王，難怪您會贏，因您無我無私。

※地球處在正邪相爭，外星注入助力，女王免驚（臺語）。執行長轉達外星人類訊息：女王，您已經回報，現在換我們報恩，請您拭目以待。

3月6日執行長訊息：大自然橫掃天下。——結算後的警語。

3月7日執行長訊息：執行長在皇宮為地球點上長命燈，我女王成就的星球，女王萬分感恩。大天訊息：就是這願意為對方付出的力量，成就更大的格局。

3月8日所有訪問，一切停擺，全力注入女王肉身，祂（女王靈體）希望救地球，女王萬分感恩。夢見在爬大磐石。訊：得享磐石之安。

訪問：指訪問全星際網路各星球，外星人類想見女王靈體和執行長。

3月10日意向中看見過橋般，快速到彼岸。代表下永恆的程序快速過關。

意向中，看見瓊漿玉液，已釀成，在試喝的場景。指皇宮，上面執法權好，人類就會好，上行下效。

3月12日執行長訊息：打開出路了，清除地球兌現下永恆的阻力。意向中看見有轎車停在門口，有人拖著大件的貨品要進店裡（道場）。訊：大天送來大禮，恭請女王查收，女王需要什麼，就會得到什麼，含人才助力。女王感恩，收到了，感恩大天。女王感悟：天在做主。執行長訊息：塵埃落定，下永恆，永恆運行，生生不息，一切成定

局了，往太平盛世了，因執法權在執行長。

3月15日意向中，看見十本筆記本。訊：查詢紀錄，審核完成，重要紀錄。

3月17日修行人道場大弟子在走紅毯，參加冊封，在夢境完成（這種夢通常很清晰）。肉身已走到菩薩階。（地球）天的認證。

3月19日意向中看見表格填滿了。訊：執行大綱（兌現太平盛世）已完成。

3月20日意向中看見很多笑的很開心的眼、唇。訊：外星祥和的太平盛世（外星已兌現），感恩女王。執行長訊息：地球人類收尾了。執行長訊息：新宇宙的力量介入太陽系、地球。

3月23日執行長訊息：清場，去除所有不適任下永恆的人事物。執行長訊息：原來如此，女王，辛苦了。原來轉世，如此苦。執行長的體悟。執行長訊息：下永恆新風氣在地球已成。

3月25日女王肉身聽到訊息：2019年7月就知道了，大局逐漸明朗，並看到大量金光消失。

4月1日女王開示法要：愛，真愛是願意為對方付出，真愛是包容，包容對方的一切，願意付出，願意幫忙，愛絕對不會是，改變對方，而是理念相同，願意朝目標前進。下永恆的主軸－真心、真愛、真性情。

4月2日女王靈體用六字大明咒，三次淨化地球。意向中看見在倒出花生。訊：下永恆，奇蹟發生。意向中看見切好的柳丁。訊：留定下永恆。執行長轉達女王肉身大局進度。

4月6日意向中，看見三人從纜繩過到另一邊，隨後三支鑰匙也過了（隱喻執法權過到下永恆）。夢中，像萬里長城的盡頭，海到了。隱喻統一三大天（中國歷史的統一在秦朝，萬里長城由秦始皇修築。）

4月7日夢中下了很多冰雹。查詢：夢冰雹者，故伏陰之既久，致天道之失常，唯聖人之在位，自天之降祥。訊：女王肉身，成就一切。

聖人指女王王慈愛，為大家找到出路，並創造下永恆。伏陰指執法靈體使用法術的危害，導致舊宇宙崩潰，所以天道才會失常（山崩地裂、水災等等）。

4月9日執行長訊息：去除賣掉臺灣的交易。花蓮五級地震，象徵地球進入第五文明，有紫氣東來之意。訊：外星人試圖聯絡地球，但地球科技落後，所以無法理解或者被隱瞞。

4月10日意向中看到一張認證表。訊：認證臺灣的處境過關。地球共六處拍到黑洞（臺灣也有），巧合？

4月11日執行長訊息：地球的男性權威已倒下，互相尊重的開始。

4月13日執行長訊息：另闢新局，符合地球現況。訊：地球小角色。大天評語：地球因下永恆的女王而發光，氣場萬千，無法形容。訊：兌現下永恆新法規，火力全開。科學家發現15億光年外的重複信號，2個月13個快速無線電爆發。

4月14日原來這些年來，女王忍受所有的委屈，是歷練女王扛擔子，從幫弟子、彌勒佛，扛起打造彌勒淨土，地球事成了女王的家務事，到一個銀河系，到法界，到一個

星際網路，到天的一大區域，到天的三大區域，到下永恆，全都成了女王的家務事，原來女王須扛著如此的重擔，如今女王成功了，喝著東方美人茶，耳邊傳來彩色的世界，美麗的光。

意向中看到陽光照著鞋子。訊：走完業力（以鞋子象徵），功德量打破困境。

4月15日意向中看見銜接上下永恆，彌勒淨土的橋，從中間斷掉了。

在女王想到，不知道地球的未來，然後意向中看見「復育」兩個字。

4月17日意向中看見（道場）店的柱子，換在另一邊。訊：改換門楣。示現給藥師佛居士林道場大弟子看的境，似瀑布源源不絕，一直流下來，旁邊有一大顆珍珠。經查詢認證，天地（大天）的法乳已經到地球，源源不絕的滋潤著地球所有的修行人。

4月19日執行長訊息：地球的黃金期已過，進入衰期（以物質生活而言，2019年為最顛峰，對精神生活而言，是美好的開端）。

4月20日執行長訊息：顛覆傳統的思維。意向中看見地球儀，逆轉，逆轉勝？訊：已成功的扭轉乾坤。※珍妮·狄克遜於1997年在水晶球，看見孩子，已經長大，女王王慈愛32歲，之後停電一秒，接著打雷，瞬間傾盆大雨（人間）。

4月21日意向中，看見一輛黃金色的戰車正在行駛中，兌現遍地是金。

4月24日執行長訊息：過了，女王，臺灣這個國家，向

前走。執行長說：女王，您幫了臺灣大忙。※在女王申請九億，以九億護持道場的功德迴向，清掉臺灣的阻礙之後。

4月27日女王感受到強烈的氣場轉換，天干已是下永恆（新宇宙）。

4月28日執行長訊息：太平盛世過了，到人間兌現，過了重重關卡，臺東上午日暈，很美。

4月30日意向中看見逆時鐘，迅速畫了一個圓圈。訊：終結，人間的倒行逆施。

5月4日意向中看見一雙手在操控遙控器。訊：重整政治版圖，整個地球以和平、自由、民主布局，重新整軍，布局完成。

※意向中看見門外金光照進店（道場）裡，代表要進一步兌現遍地是金，功德量來自道場之意。

5月5日意向中看見一雙人類的腳在海邊的懸崖上，腳上鐵鍊鍊著。訊：地球人的處境在懸崖，道場的功德量如鐵鍊保護著人類，希望地球人能度過危機。

5月8日意向中看見一手戴著金色的錶，發金光。訊：正對時（臺語），兌現太平盛世了。

5月10日訊：時機很重要（臺語），難怪易經最重要的一個字「時」。大天、執行長的讚嘆。

5月11日執行長訊息：不分宗教，只分善惡，法乳只留給善人。訊：下永恆，各行各業由修行人領軍。

5月12日執行長訊息：人間的處境轉泰，白花開（善的力量）。

※1997年地球人間優曇婆羅花開，女王32歲，當時位

階藥王菩薩。

5月13日執行長訊息：快速兌現人間的富饒，已經結算完畢。意向中看見一群孩子在爬樓梯，一直往上爬。地球孩子訊息：天下是咱的（臺語），我們是未來的主人翁。

5月15日女王在想人間的境遇時，看見像自助餐店，滿滿的飯菜。訊：女王肉身的委屈，已經把地球帶離滅亡的困境。「否極泰來」大天的祝福。

5月16日新文明在人間開啟，現在是下永恆的天下，已經還完上永恆，舊宇宙的欠債（業力），要功德量才能抵銷，現在零負債了。訊：大天評語。下永恆大家同舟共濟，看見掌聲，大家認同。意向中看見星軌順時鐘轉。訊：天干全面轉到下永恆，毫不保留。

5月17日意向中看見一隻牛轉了三圈。執行長告訴女王肉身：接好，下永恆永恆運行，生生不息已成，前後圓合（從彌勒淨土到下永恆）。

5月19日意向中看見整園梅花開。訊：時機成熟時，邁向太平盛世。意向中看見水淹半人高，很多人在水中走。訊：預示有水災（2020年中國已兌現）。

5月20日意向中看見一個婦女，背著一個孩子（象徵太平盛世），大量流星雨劃過天際。

5月22日執行長訊息：不容造次，下永恆的新法規，已到地球實行、兌現。訊：外星教訓地球人，UFO頻頻到地球，嚇阻戰爭。訊：結算在世的地球人，一包包的結算完成。

5月23日意向中看見自己擦上口紅。訊：結束人類的口舌是非，一分耕耘，一分收穫。訊：狗腿，背骨的人，全

掛了，「天」做主。訊：大天對地球的調解，看女王肉身王慈愛的面子，對地球人恩惠。

5月26日意向中看見一大長排，似棺木。（瘟疫，2020年已兌現）訊：又完成一階段，太陽系地球和全星際網路三大天，同頻共振，又邁進一步。

5月27日女王開示法要：愛是闢開一切阻礙的源頭。執行長訊息：過了，女王，感受到一聲雷。美國東海岸的高空，UFO飛行在30000英呎的高空。

5月30日執行長訊息：這樣切割。上永恆（之前）105年6月14日（之後）下永恆。

訊：下永恆另起爐灶，一切透明，在地球走機車的速度，兌現成真。

6月1日執行長訊息：好日子即將來臨。

6月5日意向中看見一隻小牛，兩耳流出大量的液體，似瀑布般一直湧出。訊：牛年發大財。執行長訊息：地球的局勢已經翻轉，好人出頭天，布局完成。（原本地球無法執行太平盛世，努力到這天變成可能。）

意向中看見一張道歉文。訊：來自大天向女王王慈愛道歉，不該放任執法靈體，使用法術，危害人間，並感恩女王王慈愛，不負天之所託，如今完成上下永恆轉換的艱鉅任務，下永恆，永恆運行，生生不息，大天力挺之，執行長轉達此事已成，女王萬分感恩。

6月6日意向中看見大雄寶殿右臥佛。訊：功德圓滿的釋迦牟尼佛已經完工（代表修行路的傳承，釋迦牟尼佛為女王的師父）。

6月7日端午節，基隆下午下冰雹。

6月10日執行長訊息：死亡的號角已經響起。

6月11日女王肉身確認：每一場雨都能精準的實行（執行的是地球天地、大自然），十分精準。之前的執法靈體，沒那麼精準、快速。

6月12日執行長訊息：地球人間鼠年（2020年）已經完成可以執行太平盛世的功德量。意向中看見一隻狗走進要上道場的門。訊：狗年（民國107年）帶給地球平安。

6月14日執法權來自大天。訊：大天對道場弟子的賜福「隨心所欲」、「心想事成」由道場弟子領收，晚上九點三十分，衛星雲圖出現桃紅色愛心。訊：大自然呼應此事。

6月15日執行長訊息：陽世間啟用，政府機關，只用善人。意向中看見田地的稻子收割，現在的榮景來自執行長為期四年的造橋舖路。訊：執行長為下永恆工作，已超過四年。訊：功德量的件數已到2021年，繼續拚，向前走。

6月18日意向中，看見一女性，笑得很開心。訊：地球女性出頭天。

6月20日美國拍到UFO兩架。訊：不問世事的靈體示現，請示局勢。女王答：已經改朝換代，現在已是下永恆，真修實行，不須法身、高法身，您現在存在即是（入定的高人）。

6月25日意向中看見大量的山移動，似張家界般的高山滑落。（四川2020年已兌現）

6月26日意向中，看正在堆山，堆成一座山。訊：女王完成的功德量是下永恆的靠山。意向中，看湖泊崩潰。訊：大自然執法。

6月27日執行長訊息：靠近太陽系的靈體，宇宙黑洞包圍伺候。看見臺美關係以秒速進行著。訊：掌握分秒必爭。意向中看見手握菜刀，切割。訊：切割善惡，善惡不同流。

6月29日意向中看見3F陽臺空中有一罐德國啤酒，似乎在乾杯，有在動。看見一群雁子的隊形。訊：下永恆，德行領軍，新法規，兌現成真。

6月30日看見雲層，太陽排列成如意形狀。訊：大天贈給女王肉身王慈愛如意（人間開疆闢土），為地球太平盛世開疆闢土，女王萬分感恩。

7月1日女王肉身接到新風氣的認證，下半場開跑。意向中看見流下金黃色的法乳似瀑布般，源源不絕（尼加拉瓜）。代表下永恆的執法層保護著修行人。

意向中看見好幾個城市，到處在放煙火慶賀，至少看到三處，場景歡欣。

7月2日訊：黑瓶裝醬油，無塊看（臺語）。大天對女王的評語，不愧是地球人，熟門熟路，以地球人，反治地球事，定案。※龍捲風7月1日在臺灣尾示現。訊：收尾之意（臺灣尾），地水火風，收尾開跑（天地、大自然執法）。

意向中看見在切大同（臺語：青椒）。訊：分權力給地球的有德之人，帶領世界大同。

執行長訊息：掀起倒閉潮。（2020年已陸續兌現中）

意向中看見三個黑衣人，步伐一致離開。訊：下永恆，三大天已經離開法術的黑暗。意向中看見菱形盤裡的丸子，整片被取走（菱形，下永恆的標誌）。訊：天地、

大自然執法的力道。意向中看見滿滿的一碗飯，上面有幾支叉子。訊：分配財富，互利共生，看見人類笑得很開心，捂著嘴。

7月3日意向中看見二高大的人，送東西到廚房就離開了。訊：給女王肉身王慈愛送來資源。執行長訊息：已掌握關鍵樞紐，整頓地球。上面已做好70%，剩下30%尚須一些時間。訊：報告女王肉身此事，請不用擔心，援軍助力全有，女王並不孤單，不會拋下女王肉身王慈愛孤軍奮戰。女王萬分感恩，感恩有您執行長。意向中看見一個時鐘。訊：太平盛世，正對時（臺語）。

7月4日道場起源地19號上下二層，各開五朵曇花（有天上、人間之意）。在女王想到負責答謝等事宜，出現一個大盤，上面一座山，圖案是地球。訊：女王是地球的靠山。意向中看見店門上綁著一塊黑布。訊：白布是喪家。

曇花上下兩層各開 5 朵，現瑞象在道場的起源地，象徵著
天上如何，人間就如何。

7月6日女王想到外星幫地球祈福時，打了一聲雷。

7月7日女王開示法要：尊者階，猶有享有別人付出的態度。菩薩階的心境：沒有人必須為我付出什麼。

中共，被天淘汰了。女王事蹟，外星拍成電影，源源不絕的收入挹注下永恆的三大公庫。如創王朝般，開創了下永恆。

意向中看見中共滅亡，中華史明。訊：大天認證，藥師佛居士林道場立大功，改朝換代，現在早已是下永恆，沒有高法身、法身這個制度。海域宣示完成，天空出現一小段黃金、桃紅色，柔和的光。執行長訊息：太陽系，地球進入太平盛世了。

7月8日執行長訊息：黃石公園即將出事，火山要爆發了。

7月11日執行長訊息：三大公庫維持99%盈餘，全部對各星球減稅。訊：德政啊女王。大天附和之。

7月13日訊：下永恆，三大天，陰陽照序，去除法術危害人間的黑暗，全部井然有序。訊：這個偉大的人，心中沒有自己，難怪能穩坐下永恆女王的寶座，肉身也了得。來自大天的讚嘆，不愧是人天之師。無形界功德圓滿，具有優勢，不必排班，可以直接入人類胎，轉世取得（修行路的）籍貫。訊：大天的判定，看見掌聲，各星球如此。訊：說自己有多厲害？人間演看看就知道，如我們下永恆的女王般。※女王是無形界轉世，為無形界樹立修行路的新標竿，無形界不再是亂源。

7月14日女王感受到一股非比尋常的氣場。訊：上永恆的總執行長。訊：認輸，敗給小將。原來天意難違。女王

答：承讓，順天者昌，逆天者亡，讓人類過好日子。太陽的光碼從彌勒淨土的粉紅色，已變成琉璃光了。意向中看見一蓋子透明的盒子，拉出白紙。訊：開始記錄人間事。

7月15日執行長訊息：兌現人道自治。意向中看見一大招牌，迅速地拆掉了。訊：地球換招牌，「現在」下永恆太平盛世，並認證19號道場的起源地，帶來光明，大天認證完成。※看見一大片金光消失（業力爆表）。

7月16日執行長訊息：地球利益重新分配，一切公開透明化。意向中看見滿滿整簍的穀物，整個廣場般多。訊：女王帶動修行人收成。※花蓮日暈，有紫氣東來之意。

2019/07/16

7月17日江山易改，本性難移。改的了本性，命運就改。訊：奉為圭臬，感恩女王開示無數眾生。※看見星際網路及白色道路，場景光明祥和。意向中看見一輛車，裝進輪胎。訊：下永恆，新法規，全面上路。

7月18日意向中看見一張白紙，上面寫滿了字。訊：死亡名單已經公告了，結算完成的部分。之後，看見一隻牛。訊：牛年（2021年）平安，賺大錢。請女王帶領人類朝這個方向規劃。訊：來自大天。

7月19日執行長訊息：天讓我們治理下永恆，絕對能讓我們勝任。訊：就地取材，以惡制惡，上司是剋方。訊：地球人間執法權大回，盤點回來。有人從香港飛臺北，在飛機上拍下彩雲。訊：地球在慶賀進入太平盛世了。※看到影片，海豚在14日已經在慶賀太平盛世。意向中看見一個似圓珠，落入大海中。訊：水加入執法。

大回：執法權換成下永恆的新法規兌現，由天地、大自然、執法機器人執法。

7月22日意向中看見一隻牛在一片金帶桃紅色光的場景中。訊：功德量核算完成，牛年已過（女王拚功德量，已經完成到2021年了）。意向中看見一座金字塔由香皂組成。訊：洗淨人間。

7月23日龜山島頭崩。此徵兆代表從頭開始整頓之意。

7月24日出現火彩虹。鐘乳石（水的極致）到道場。善人的訊息：救世主在哪裡？女王答：在心裡，對的事情，做就是。

7月25日女王肉身感覺自己吞了什麼進去，似內丹。訊：女王靈體服用，肉身跟著受益（顧肉身），到完成人

間任務。女王萬分感恩。

　　7月26日執行長訊息：執法規格複製外星的高標準，最低門檻神仙階。過了末劫年（2020年），路上走的是神仙，預言的兌現。意向中，女王看到海豚拍手。海豚象徵和平。

　　7月27日執行長訊息：下永恆，太平盛世，遍地開花。

　　7月28日夢中老闆娘不在，竟然只關紗門。訊：夜不閉戶的體現。

　　7月31日功德量已過虎年（2022年）上半場。（埔里虎頭山呈現彩光象徵虎年功德量過了，大自然如此認證）

　　8月2日女王想到修行是唯一的出路時，看到一隻白孔雀開屏。

　　8月4日海域宣示完成。合歡山大放光，光暈是琉璃光碼，宜蘭外海雙彩虹。

　　※虎年2022年，進入下半場。

　　8月5日彩虹出現在自由廣場。

　　8月6日意向中看見一束漂亮的玫瑰花圈，柔和，高貴的顏色組成。之後看見日本神社的拱門在海中，上面滿滿的流星雨，很漂亮。之後看見富士山，一條白色的路，直通富士山。訊：太平盛世，地球，施工，往三大區域編屬的方向，施工中。※原本彌勒淨土功德量完成，法界要將地球納入管理，讓地球人繳稅，怎知大局演變到換成下永恆。

　　意向中看見打開一禮盒，裡面有物品。訊：東方淨土在人間兌現，施工中，有錢出錢，有力出力。示現「天下太平」、「藍圖已成」的字體。

8月7日執行長訊：長江可能要大災難了。大壩潰堤？

8月8日意向中看見有很多人類的頭瞬間變骷髏頭。訊：代表人類要受報了。執行長訊息：大局如同四隻腳，站穩了，指地球的大局。雲層，盤古開天。看見舞臺布簾迅速拉開。訊：新時代上場。意向中看見3888天，從彌勒淨土到下永恆太平盛世的工作天。

8月9日意向中看見一個小男孩，瞬間長大成青年。訊：眾志成城，又邁進一步，太平盛世。

8月11日訊：女王，拜託啦，顧地球。眾靈的請託。訊：女王肉身的禮遇已經收到了，大天的贈送。執行長訊息：正對時，兌現下永恆，新法規。想到業力全部結算完時，意向中看見一顆立著的蛋。訊：一元復始，萬象更新。

8月12日訊：一步一腳印，女王靈體。訊：欺負我的肉身王慈愛，結束了。開始反擊，傾新宇宙之力，下永恆的動力。外面傾盆大雨。太平盛世，新時代，達標日，天空劃開界線，不同世界，一邊明亮，一邊灰暗。看見琉璃光迅速連上菱形（標誌）。下永恆標誌菱形。

天空分成明、暗二邊，暗指舊宇宙，明指新宇宙，帶來光明的未來。

但地球人的人文素養太差，可能跟不上。（2020年10月12日通知肉身）

8月13日意向中看見日暈在轉換，已過，共三層。

8月14日意向中看見一張似證書。訊：大天認證王慈愛（女王肉身）完成新時代的功德量，地球運行下永恆太平盛世的來源。

8月15日執行長訊息：就定位，接受女王的導航。訊：全星際網路的共識。訊：地球人，請好自為之。

8月16日女王心念：沒有什麼是「免錢」的，使用者付費。打了幾聲雷呼應此事。訊：考全體修行人（地球）。想到己所不欲，勿施於人，看見一個人比讚。看見一張證書，之後出現金色帶桃紅，柔和漂亮的太陽光的場景。訊：過了，兌現女王堅持的太平盛世，在人間兌現成真。※人品，功德量不到神仙階的人，不會出現在未來。

8月17日訊：反了，陰陽反背（指民國99年法術大量猖狂），執法靈體，只幫惡人，不幫善人，最終，失去執法權。打了幾聲雷，前後圓合。訊：遲來的正義，為地球伸張。夢中帶領著眾人，各司其職，各展長才，打拚太平盛世。讓女王想通，原來這一世的境遇，只為了讓女王能執行預言的兌現。※有感受到女王靈體回來查看肉身。看見一舞臺上，一道門迅速從兩邊往中間關上，似謝幕。訊：高法身、法身的制度永恆廢除了。

8月19日外星人類的王請益，恭請女王開示。女王答：您是否回覆百姓的需求？您是否有處理百姓的問題？您是否得到人民的愛戴？外星人類的王：不愧是萬民、萬星球

的王，我們的女王，下永恆的領軍，兌現人道自治，所以有很多UFO到地球，嚇阻地球戰爭。

8月20日看見道場（店）鐵門開了，場景宛如天剛亮。訊：新時代，開幕了。

8月22日意向中看見海豚，象徵和平。意向中看見黃殼土雞蛋整簍整排，很大量，代表萬物歸土，也有生生不息之意。意向中看見波光粼粼很漂亮，很多艘白色的大船入港了，平安之意（避風港）。意向中看見一隻白色的狗，在透明冰箱裡。訊：狗年（民國107年）善就贏了，不離框架。意向中，看見1F樓梯門開著，有一條白色電線，從上面下來，有一支似吹風機。訊：上面已風速兌現太平盛世，新時代。想到福禍無門，惟己自招時，出現一盤白蛋，象徵善，善惡分明。

8月23日女王會盡力幫地球，只因地球陪女王受苦受難，承載女王肉身無法負荷的法術傷害。地球，女王的母星，祂全部承載。地球和織女星並列女王的母星。訊：感恩女王的不忘本，織女星、地球，力挺到底。訊：就愛這款人（臺語）。訊：人類的標竿，我們女王做給你／妳看。執行長轉達並確認訊息，上面也很多假消息。

8月24日意向中看見有人揹著淡藍色的購物袋，在廚房冰箱前，那袋子裝滿東西般。訊：補給女王肉身應得的一切榮耀、錢財、地位、尊貴。訊息來自女王靈體，由執行長轉達。

8月25日意向中看見臉譜，似四川的變臉。夢中，大家都不做，只想等庇蔭。醒來心想：哈，妳／你在那裡等啦，沒有你／妳的分。去完虎頭山（通宵），到銅鑼時，

出現彩虹。訊：虎年2022年功德量過了，開始拚兔年。

　　8月28日執行長問（肉身王慈愛）：女王，您有感受到，山雨欲來風滿樓嗎？女王答：有。意向中看見答謝桌上，一桌蘋果，女王放上最後一顆（平安）。意向中看見跑100公尺（終點），我們現在跑到40公尺。

　　8月30日意向中看見彩虹的海水，波光粼粼。象徵美好的現在與未來。

　　8月31日惡靈：不信撂不倒你！女王答：隨緣，隨順因緣，善有案報，惡有惡報。執行長訊息：地球人，若無自律，就穩死，神仙難救，無命客（臺語）。

　　9月1日執行長訊息：修行領域的經驗傳承給年輕人。

　　9月2日意向中看見大同（世界大同之意）號的大船，停在碼頭港灣裡。代表平安、避風港之意，因為走到下永恆了。

　　9月3日意向中看見門自動打開（時機已到），場景光明。訊：贏了，贏了，贏了（看見桃紅色，下永恆的代表色）。

　　9月4日意向中看見十幾輛坦克車在移動，預示戰爭。夢中似在遊景，躺著飛行，很舒服，代表心境悠哉。

　　9月6日夢中打掃房間，屋裡進大水，預示進財。意向中看見「銀河震撼全球」幾個字，預示女王成功的事蹟，會由外星傳到地球。意向中，看見一大堆碗蓋著（收工了）。釋迦牟尼佛去世前把缽蓋著，女王在民國95年由潭水亭上天道，去把缽翻起（示現在夢境），繼承衣缽之意。女王在想「懂得感恩時」，看見一位人類在山頂歡呼。

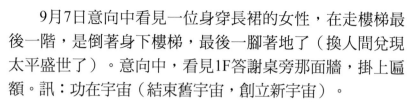

　　9月7日意向中看見一位身穿長裙的女性，在走樓梯最後一階，是倒著身下樓梯，最後一腳著地了（換人間兌現太平盛世了）。意向中，看見1F答謝桌旁那面牆，掛上匾額。訊：功在宇宙（結束舊宇宙，創立新宇宙）。

　　9月8日意向中看見很多人類載歌載舞（似原住民），藉由人類的慶典呈現，慶祝太平盛世。意向中看見似衛星在轉動，代表神的執法權，主導著星球。

　　9月9日到現在，女王還看不出來，地球人要如何兌現太平盛世。執行長說：若地球人沒救，硬要救，也難。※或許只能救部分，大局已宣判、收尾了，人類的受報，兌現成真。在新社拍到桃紅光柱，稟天，黃昏，雲彩穿日很美。

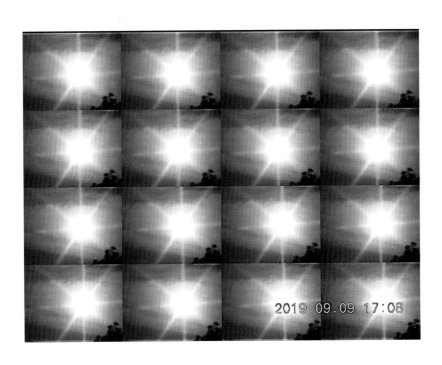

桃紅色光柱稟天，完成階段性任務。（新宇宙神權）

9月10日意向中看見二人，一人光頭，水從頭上淋下，全身都是水。※人類從頭去除煩惱？

9月12日感覺空間在揚昇，多維進階之後看見一個像小丸子的小女孩，笑得很開心。看到廚房陰森森的，以六字大明咒淨化之後，看見一個大塑膠袋，打包樣，鼓鼓的帶走，消失。訊：清除高法身、法身的執法機器人應世。訊：一元復始，萬象更新，快速兌現中。神的執法權結算道場的功績，收工。

9月13日意向中看見整排白色的豆乾（升官，臺語諧音）在切。訊：分官位，善人才有份。執行長訊息：新時代，財富重新分配，兌現富貴來自功德量——女王德政。

9月14日意向中看見三座山，都是V（勝利的圖案）。訊：勝利整山。意向中，看見陽光下，桃紅色的光點，如水滴般，照耀人間，配合陽光。訊：下永恆新時代，上市。看見一大團白光業力爆表，直接消失（宇宙因果定律）。訊：下永恆，新宇宙，上市了。

9月17日遍地是金的兌現，完成程序，海豚已經在慶賀了。

9月18日意向中看見一位優雅高大的男性（應是執行長），手牽著一個約7～8歲的小女孩。訊：下永恆前後圓合。

9月21日意向中看見一隻鼠，頭部是金色的，代表2020年，從頭兌現遍地是金。女王在想臺灣的前途建邦交國時。訊：沒小國，來大國，努力中（神在布局，不是只有臺灣人在努力）。

9月23日女王想到人類出頭天，看見火車正要出山洞，場景一片光明。功德量迴向給亡者，會為亡者帶來曙光。※看見作惡的光，迅速消失。※人性的光輝面，愛戰勝一切。

9月24日聽到敲鑼打鼓聲，持續很長一段時間。有修行的人，才能知道，局勢已經換了。

9月25日意向中看見女王靈體、執行長非常喜悅，熬過去了，決定地球是否運行太平盛世，因為拚到足夠運行太平盛世的功德量。

9月28日潭子出現彩虹。意向中看見櫃子打開。訊：希望打開了。※看見海豚在慶賀了。

9月29日基隆下雷雨、閃電（臺灣頭開始），在和平島（海兔岩，呼應民國100年兔年成立道場）宣示進入新時代，下永恆新時代，在太陽系地球兌現成真，立即兌現。

藥師佛居士林道場在兔年（民國 100 年）成立，和平島的海兔岩相呼應，希望兌現太平盛世。

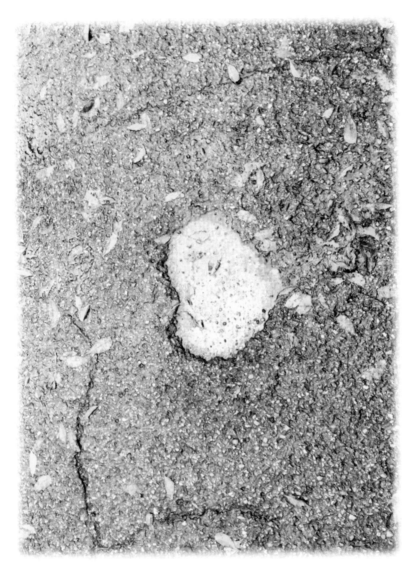

愛到地了，示現在臺灣頭。

9月30日米塔颱風，呼應風加入執法。

10月1日蘇澳橋斷了。訊：彌勒淨土，猶如上下永恆的橋樑。下永恆全過了，橋斷了（象徵此事）。空中訊息：天空有寶，晚上看到外星飛碟影片，UFO來訪地球。

10月4日夢到道場地址429號，似乎要做紀錄。訊：神權核算（地球人）下永恆功德量的基地。

意向中看見權杖，領巾。訊：功德量別人搶不走。看見一盤花生。訊：奇蹟發生。看見很多人手牽手，快樂走。訊：人類出頭天。

10月6日訊：大自然執法，長江潰堤定案。意向中看見一隻手，戴著金色的手錶。訊：正對時。

訊：全星際網路高歌，愛戴下永恆（新宇宙）。訊：繼往開來，女王，王慈愛。意向中看見一輛黃色列車到站了。訊：這一世到這裡，後面免操煩（臺語）。

10月8日意向中看見道場大弟子在吃月餅。訊：到這個月平安了，度過最危險的時機。

10月9日意向中看見大量的流星雨，看見一隻金色的鴿子，和平鴿，很漂亮，往和平又邁進一步。

10月10日意向中看見一隻狗，忠犬冠軍。（民國106年，狗年就贏了）

10月11日出現火流星（天文事件），當時驚見一道從天而降的閃光。訊：中共氣數已盡。

10月13日月亮看起來像血月。意向中看見房子快被沖走（中國2020年已兌現）。執行長訊息：可以了（剩下人間），咱們來泡茶，看見一輛白色車，上面有功能鍵。功

能鍵，象徵神權布局已完成，時機一到，按鍵即可。※吉
貝颱風橫掃日本，釀大災。南加州大火，燒掉三千公頃。

這是藥師佛光碼的延伸。

10月14日惡靈：妳如何做到？女王答：我怎麼能做不到。夢中有人開高價要買道場的起源地。不賣，都不賣。

訊：中共的政權斷了。人民所唾棄。訊：凡事透明的，不離框架。天上如此，人間如此。※水到渠成。意向中看見3F道場流理檯旁邊，有一大撮黃色小花。訊：道場帶來下永恆，遍地是金，開花。

10月20日海域宣示進入太平盛世，新時代，功德量已完成到2023年，之後去銅鑼買客家菜，用食物答謝，慶祝邁入世界大同。途中先走到世界路，而店在大同路55號，兌現世界大同，地球進入第五文明的運行，另起爐灶。似乎冥冥之中，一切早有註定。

10月21日意向中看見一鍋水，全部倒入大桶的保溫鍋。訊：隱喻上永恆的資源，全部倒給下永恆了。

10月22日意向中看見一食指。訊：瘟疫，一觸即發。（2020年已兌現）

10月23日女王意向中看見自己走在1F樓梯，轉角要下去，樓梯上有一盞燈，很光明。女王靈體知會肉身，快到目的地（地球運行第五文明，太平盛世）。

10月24日夢中，女王的身體不用開門直接穿越，直接到達目的地。女王靈體的法力走任意門，讓肉身體驗。

10月25日意向中，看見數字從50幾跳到61。訊：地球人及格了。

10月28日意向中看見總結束。之後聽到像冰塊掉在地上的聲音。訊：冬天總結束。

10月29日意向中看見二個惡靈大叫「門打開」。訊：無法遊走時間門了。意向中，看見有手遞交一個似硬幣的東西給女王，有感覺收到。訊：「緣」。凡事隨緣。

　　意向中看見洪水橫流。（2020年已兌現）

　　10月30日天地、大自然賜給地球善人「如意」（人間開疆闢土）。

　　10月31日光柱三度稟天，白色、桃紅、桃紅。訊：讓惡勢力耗盡。

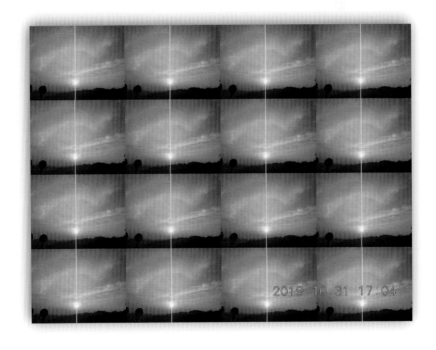

2019 10 31 17:04

　　稟天，光柱的轉變由粗到細。白光柱到桃紅色光柱（下永恆新宇宙的代表色桃紅色）到細桃紅光柱（指到人間兌現）。

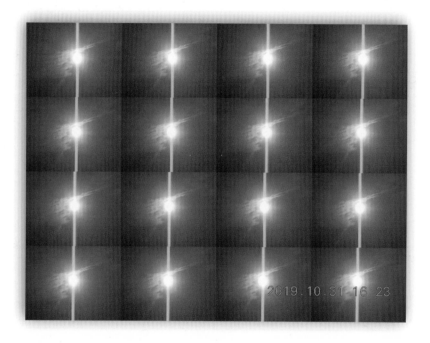

2019.10.31 16:23

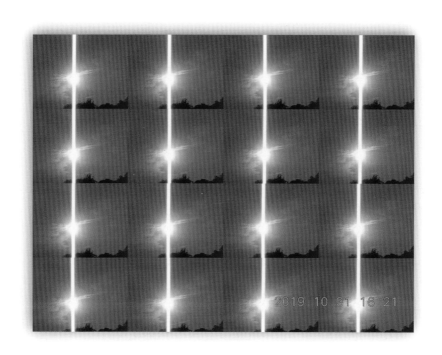

白光柱象徵善的力量大赢，禀天、神權，完成階段性任
務。

2019

預言到兌現—

2019.10.31 17:03

由太陽開始，三輪彩光環，象徵著圓滿，神權（新宇
宙）統一了，三大天（又稱一、二、三宇宙），這是
前所未有的，神權的奇蹟。

11月1日意向中看見像螢幕斷訊般，一下子全黑。代表舊宇宙像斷訊般，已經徹底改朝換代了。

11月2日執行長訊息：雨留1%給臺灣土地、人民，風調雨順，因為女王是臺灣人，所以神的權力保護臺灣。但是2020年10月16日，持保留態度，可能不幫臺灣人了。

11月3日意向中，似乎看到很多人在鼓掌，看見一輛跑車衝出來，看見空中一包約30顆蛋下來（溫和的落下），有生生不息之意。女王想到臺灣的總統選舉時，看到「國安」二字。聽到在撩動一盆水的聲音，惡靈在挑起事端。惡靈：考妳不倒（臺語）。因為女王看透惡靈的動機，不會上當，不是女王的，她不要，不貪心。

11月4日白彩虹示現（天文事件），有善的意思，但也象徵災難。訊：若無法兌現太平盛世，不管幾億年，地球甘願等。

11月5日意向中看見一人類，單膝跪著，握拳聽令，古代的模式。可能象徵著中華文化，女王是在中華文化學習的。意向中看見一隻手，在揉耳朵。訊：端正視聽。

11月8日意向中看見一本書，《災害防治法》給臺灣（官員），神在導引。意向中看見道場的地上，有一欉桃紅色盛開的香水百合，在大桌旁。代表道場帶來新風氣。

11月9日在想共產、極權，沒有人要過那種日子。看見山崩，快速全崩，瞬間，如爆破般。

11月10日執行長訊息：人間的束縛去掉了，人類受報了。雙彩虹過了，完成階段性任務。意向中，臺灣國旗已經插好了，神的權力庇佑。

11月12日意向中看見太陽雨，傘下透光。訊：已為大

家帶來新文明，新時代。

11月14日意向中看見水龍頭，熱水一直留下來，冒煙。訊：臺灣國運，強強滾。

11月15日意向中，空中有一女性人像頭戴皇冠。訊：女王靈體關注著地球。

由道場大弟子領收（代表人類），新時代的使用權。

不具備懺悔、修正的能力，人類的靈體將被「廢除」，不再具有轉世空間。

11月16日意向中看見一女性笑得很開心，旁邊有「新天地賜福」的字樣。意向中看見有人把舊爐灶掀掉了。訊：人類的部分，換政府（極權國家），還權於民。

11月17日物以類聚，人以群分。訊：定案，善惡各自受報，立即兌現成真。訊：善哉女王，眾志成城（氣場莊嚴）。訊：下永恆，修行人的天下。

11月21日鳳凰颱風轉彎，只有北部有雨。新宇宙飛上枝頭當鳳凰。

11月29日意向中看見星軌，代表和星際網路，同步運行新宇宙。※看見人類起跑的大腳。地球善人往太平盛世起跑了，團結善的力量，圍堵中共。

11月30日意向中看見道場（店）門口，拉起了桃紅色的彩帶，十方放射狀。看見很多串蛋，看到水流到臺灣地圖，代表宇宙標定位置。訊：給女王肉身王慈愛應用的，十方進財。

12月3日當您的思維、心境已經沒了不擇手段，而且以隨緣的心境處世，恭喜您，您已經落實的走在修行路上。

12月4日意向中看見一張畫牛的賀卡。訊：牛年平安，

2021年。訊：開始改變修行人的思維，看見愛心入碗中。互愛，才有出路。恨，只會走回舊宇宙。

12月8日意向中，看見黃色的山谷，日光快速過了。訊：未來十分美好，度過去（臺語）。

12月9日意向中看見「滬江」二字，水患上海、長江（2020年已兌現）。夢中一道門、一道門一直過去，在牆壁中摸到柱子，女王抓住主軸，上下撞擊地球，三大次，第四次小力（女王靈體的法力展現）。

意向中看見塞子，拿掉了。塞子象徵阻礙。

12月10日意向中看見一張金色的E卡通。訊：太平盛世，修行人才有新時代，遍地是金的通行證。

12月11日夢中，整個社區都沒人住，像廢墟（中國2020年已兌現）。

意向中，看見匾額在後龍房子的牆上。因為當初彌勒淨土，曾得房子的地理之助，所以頒發匾額。意向中看見大牛走在道路上，牛頭已經是金色的，場景光明，代表牛年兌現太平盛世，遍地是金。

12月12日新疆三個太陽（新的疆域，下永恆統一三大天）。意向中看見雲層如開天關地般，之後看見二人在太陽上面。訊：開天成功，人類出頭天。新疆出現三個太陽的地名，霍爾果斯，「英文音」的理所當然（of course）。目擊者感覺，天堂之門開了。

12月13日意向中看見碗整疊蓋著，好多疊，訊：全面收工。接下來，場換到人間了。

12月15日意向中看見一隻白鴿（和平之意）停在桃紅色（下永恆代表色）的花圃上，大片的花海。

12月16日宜蘭晚間地震，人間從頭開始整頓，連同人間兌現新法規。夢中抱著一孩子約7歲，打招呼的方式是額頭碰額頭。訊：前後圓合，人間開天闢地。查詢：夢人點我額，德占天罡，名傳國史。

12月17日訊：天回報地球，讓地球跟上下永恆，太平盛世。意向中看見一女性，身穿黃色洋裝，笑得很開心，走進道場（店）騎樓了，從門底，看見一雙金鞋在走路。女王出頭天，兌現初衷，帶給地球太平盛世。

12月18日意向中看見似尼加拉瓜大瀑布般的水，一直流下來。象徵下永恆的資源、氣勢。

12月20日執行長訊息：舊宇宙，隨著成住壞滅，已經解體。

12月21日考題：時事。訊：善哉，女王，您有夠厲害。訊：不為所動。訊：女王肉身王慈愛，您過了一劫，差點死掉（受力來襲），天公仔兒（臺語）。女王萬分感恩，感恩天對地球的慈悲：善惡各自受報了；天讓地球跟上外星，同步運行下永恆。夢中19號對面起大火，燒得很旺。查詢：火者，化也，全部燒毀，隨順下永恆。

12月22日下小雨，如天灑甘露水。在出海口宣示，感恩天的成全，女王眼泛淚光，感恩幫地球，地球人。感恩天地、大自然的執法。意向中看見一隻大牛，牛角上掛著二～三包禮物紙袋。牛年平安，並帶來禮物。

12月23日執行長訊息：這個世界，活著的人才能享有。意向中看見一大堆香蕉。訊：國會新氣象。夢中看見菜刀在湯圓鍋裡。訊：冬至已切割，善惡各自選邊站，地球要出大事了。※看見月亮像血月般。

12月24日意向中看見一片廣大的土地上，有黃金色的穀物，上面很多匹馬。訊：馬上兌現遍地是金。

12月25日夢中搭電梯要去13F，告訴地球人，女王那裡有房子。空中雲層訊息：織女星發威。執行長訊息：國家（指臺灣）的預算編好了，自由、民主，中國人的學習標的。意向中看見高高的蠟燭，其中一盞已經點燃（一燈劃破千年暗）。

12月26日花蓮白彩虹，水龍捲，巴逢颱風，雨襲全臺。※道場大弟子夢見吐血。查詢，夢吐血，立業成家了。下永恆永恆運行已成，人類立業成家了。

12月28日意向中看見後龍水尾的房子，木門在軌道移動，忽然聽到一聲「破」的聲音。接下來，潭子也聽到一聲「破」的聲音。訊：人間的法術災難全破了。

意向中看見浴缸的水，從混濁瞬間變清澈。聽到一聲，什麼「關閉」的聲音。聽到呼嘯而過的聲音，很長。訊：人類在油漆（臺語）大局進度。

12月29日意向中，看見似鳳凰從空中要降落地面。看見滿空金桃紅色。訊：人類出頭天。

12月30日意向中看見一孩子，約7歲，走在金色的伸展臺，要回去了在揮手。夢中找不到自由路時，看見人類和光分離。訊：讓人類做自己。女王在想神通力時，意向中看見一大疊大大小小的鐵鍋，訊：下永恆另起爐灶。下永恆主軸，真修實行。感覺自己（女王靈體）在吃香蕉中段，之後看見地球儀。訊：地球新風氣已成，在中午12點日正當中。

12月31日吉林三個太陽（吉臨）。※訊：星際網路部隊到地球，維持治安。夢中帶了一對小姊妹，一個約2歲，一個7～8歲，拜訪娘家爸媽，媽的桌上擺了很多橘子，說豐收，好吃。查詢：橘有成就之意，當登鼎甲，聲聞過人。訊：從人間的源頭，前後圓合。※7～8歲孩子象徵從彌勒淨土開拚。※約2歲，象徵到下永恆。

109年

　　1月1日意向中看見放皮包的櫃子下層，有三分大中小的禮盒，接下來，看見一罐蜂蜜在下層櫃子的禮盒旁，看見星軌。訊：星際網路的賜予，道場應得的。※一元復始，萬象更新（道場樓梯轉角1F換燈）。

　　1月2日意向中看見很多人類，一起揮高爾夫球桿。※意向中，看見一人走在彩色的燈光大道上（呼應：帶來彩色的世界，美麗的光）。訊：善惡各自受報，選邊站。

　　1月4日串聯地球的善人改變未來。女王在想，只有良善才能走到未來時，看見一位人類揹著好幾串粽子（包中之意）。意向中看見人類在刷牙。訊：刷淨口舌是非。

　　※看見海面波光粼粼。在修行路夢見，或意向中看到，都代表一個階段的豐碩成果。

　　意向中看見一人類騎腳踏車。訊：運行的速度（地球人新時代）。

　　1月6日東勢出現倒彩虹、環天頂弧，天空的微笑，加上幻日。※右腳踝，痛，沒有傷口，但就是痛。女王主導地球運行新宇宙，新時代的受力。※傍晚的天空，似羽毛般的雲（織女星的色彩）。※道場前似箭的雲。嘉義地震4.7級。

　　1月7日下永恆，新宇宙發出的認證，已到地球了。地球，臺灣，出頭人（雲層訊息，有相片）。※阿里山，火燒雲。※尊者階的能力「透視」。※菩薩階的能力「飛

行」。

　　1月8日夢中女王在清理地上的垃圾，有女性加入一齊做。夢境雜亂，到處都只想要「搶」。

　　1月9日夢中有人在像審判庭的地方「戳破騙局」，有人叫人類趕快回去，不然會沒命。訊：騙局，一次就會被戳破。

　　1月10日捍衛國家的理念，把民心聚在一起。聽到一聲「對啦」（臺語），很大聲。※中午12：12分，意向中看見一條蛇在空中，飛躍而過般。呼應劉伯溫預言，執行兌現的人，十九佳人五五歲，1965年，乙巳蛇年出生。在2019年，女王55歲，真的是，精準無比。

　　※意向中看見太陽發出琉璃光，似向人類打招呼。※意向中看見一男性在道場（店）泡茶桌旁，笑得很開心。訊：送給人類禮物（平安），女王您看，就會知道。女王感恩，辛苦了。意向中看見一高大男性，向女王行禮。訊：遇到女王出頭天，執行長感恩。※以3萬元產品功德量，修護地球，之後澳洲一天降下一個月的雨量，澆熄大火。

　　1月11日意向中看見一位人類，扛著大柱子。訊：責任換人類扛了，地球進入太平盛世，新時代。

　　1月13日意向中看見蛋糕。訊：看人類步步高升。※看見機車走在往429號（道場）的方向。訊：人類以機車的速度前進。※看見一部車載著三大盆植物，其中一盆開滿桃紅色的花，在白宮的建築物前。訊：送貨（新時代）到目的地，美國（水啦）（臺語）。陽明山冬雷，2020第一聲雷。※看見很多流星雨，看見星軌。訊：女王，王慈愛，

是全星際網路之光（不敢直呼名字）。

1月14日執行長訊息：不好的過去，全部結束，邁向未來。※新生兒（人間誕生了）新時代，兌現成真。

1月15日夢境著重教化人間，有很多人、很多食物。※意向中看見一輛大巴士，向前走，紅布條第一名（臺灣）。※看見龍井大樓旁的馬路有一道透明的大門，打開了。訊：新法規到龍井了（山線、海線全部串連）。意向中看見車窗打開，後照鏡出現女王嚴肅的容貌。

看見公文上有一雙筷子（交通部）。訊：大行其道，交通順暢，一路通行無阻，兌現新法規。※道場大弟子夢見很多樂儀隊在慶賀。

1月16日意向中看見一支大旗橫舞之後，出現「死亡前」的字樣。訊：對人類執法、結算。

1月17日訊：劫數已過（舊宇宙崩潰，新宇宙已成）。惡靈嘆：江山，代有人才出。

1月18日執行長對惡靈說：地球有女王繳稅，不得造次。※意向中看見很多魚在海上跳躍。訊：動物已在慶祝太平盛世。

1月20日意向中看見女性上樓。訊：地球女性，撐起一片天。訊：人類出頭天。意向中看見高鐵般的列車，行駛在中清路上，往沙鹿方向（女王娘家）。訊：女王靈體回家，完成壯舉。

1月21日意向中看見自己在刷牙。訊：刷淨人間口舌是非。※感覺自己剝花生在吃。訊：奇蹟發生，創立下永恆。

1月23日意向中看見能量像水滴型，從空中下來的。※意向中看見一盆寶樹，葉子是桃紅色的，很漂亮，在道場（店裡）的櫃子上。訊：給地球人禮物，神的領域的賜予。※意向中，看見中國共產黨，檯面崩落。意向中看見道場3F走道上，牆壁上有三盒禮物。

1月24日（2019年農曆走完）過年了。

2月14日太陽日暈轉換已成，地球運行新宇宙，第五文明。

6月25日端午節，北京下冰雹，有新型冠狀病毒的形狀。

※想到要讓地球參與運行太平盛世不是一件容易的事，看到大量的閃電。

※意向中看見孕婦。訊：主事成，地球運行太平盛世，希望能成。

這些事件，你只能夠從科學家的觀測得到應證。根據科學家們的研究，許多飛碟墜毀事件背後似乎隱藏著這樣一個事實：早在這些飛碟進入大氣層前，便已經整體癱瘓，隨後只得緊急迫降。有的可能迫降成功，停留在地球不久便再次起飛；而一些飛碟則在迫降的過程中墜毀，或發生了爆炸。

科學家們在一次飛碟墜毀的現場，發現了一神祕的金屬圓盤，而石板上描述的事情是，這個宇宙正在發生一場毀天滅地的大爆炸，而外星人的星球在這場爆炸中墜毀，他們實際上是來逃命的。

科學家最後得出驚人的結論：宇宙的中心或許已經開始坍塌，因為爆炸的速度比光速慢很多，人類目前的科技

根本無法監測到遠在宇宙的爆炸事件。

然而，如果整個宇宙面臨災難，逃到哪裡都一樣不能倖免於難。不少聖賢和預言家都告訴人們，必須淨化人心，提升自己的道德水平，才能自救，才會有光明的未來。

實際上，這個就是舊宇宙的崩解，但現在神權已經走到新宇宙，地球人不用太擔心。

推背圖

★40象

無土有主指蔣中正失去中國的土地，但中華文化傳承的使命在他那邊。小小天罡，垂拱而治，為兌現天下為公，世界大同，以現在來說就是主權在民。若逢木子冰霜渙，代表執行的人姓李，使命由李登輝總統任內完成。生我者猴，指在2016年帶來生機。死我雕代表讓中共政權結束，是美國執行，雕指美國。

★42象乙巳：美人自西來

美人指執行預言的是女性，自西來指佛國東方淨土，長弓在地，指藥師佛居士林道場，地處弓形。圖中兔子指民國100年為兔年，成立道場；手抱琵琶，弦一層一層，預示女王王慈愛的靈體一層層返家。

★43象：君非君，臣非臣

指女王王慈愛是藥師佛，但主導著彌勒淨土。

★51象：陰陽和，化似正，坤順而感，後見堯舜。誰云女子尚剛強，坤德居然感四方，重見中天新氣象，卜年一六壽而康

十六個月不到兩年，完成彌勒淨土的功德量。應證劉伯溫的預言：關過天翻龍蛇年（2012、2013年）。

★53象：半老有子

指彌勒佛要來轉世，他的父親50歲。當時確實如此。

★54象：殘棋一局。九曲黃河水不黃

指因為後來局勢轉換，彌勒佛沒來轉世。

在2017年11月黃河水清，大局的徵兆（舊宇宙結束，新宇宙開始）。2020年五月黃河水清，大概是中共政權結束的徵兆。圖中牛和五個小孩象徵牛年（2021年）進入第五文明。

★55象：水邊有女，對日自拜

指完成階段性任務，在海域宣示。

★56象：上迄雲霄下及泉

指執法靈體使用法術的危害及泉（指地府也一樣使用法術）。

劉伯溫金陵塔碑文

二四八，三七九

　　缺六、五，指執行下面預言的兌現者1965年生。

民三民十民三七，錦繡河山換一色

　　指民國38年國民黨輸了，撤軍來臺。

馬不點頭，石沉底

　　指當時臺灣總統馬英九對自經區不點頭，所以石沉底，沒過。

紅花開盡白花開，紫金山上美人來

　　紅花指共產黨盡了，白花開，指善的力量開了，執行、兌現預言的是女性。

十九佳人五五歲，地靈人傑產新貴

　　在2019年，女王王慈愛55歲。（心想：真的是，嚇死我了）

國運昌隆時日到，四時下種太平糧

　　臺灣已是自由民主國家，中國人加油。

幸得大木兩條支大廈

　　指上面執法靈體剩下二尊，支撐著下永恆（新宇宙）。神尊大量轉世人間。

鳥飛羊走返家邦

　　女王王慈愛的靈體於羊年（民國104年）返家，完成功德量，層層過關。

能逢木兔方為壽

　　指兔年民國100年成立道場，帶來希望，創立下永恆。

繁華市，變汪洋，高樓閣，變泥崗

　　在民國109年兌現。

百載繁華一夢消

　　指近百年來地球榮景已到極盡。2019年是物質生活的巔峰年。

　　瑪雅曆法從西元前3113年至2012年止，共5125年，屬第四文明。每次文明的結束，地表無一生靈（地球歷史）。

　　西元2013年至2019年地球已經奇蹟地進入第五文明，希望地球人不核戰，守住地球。

馬前課預言

第十課：豬後牛前，千人一口，五二倒置，朋來無咎。

　　指2019豬年之後，2021牛年之前，和平到來。五二（52個月、4年3個月）結束執法靈體使用法術，本末倒置的亂象）朋來無咎，指執法靈體來地球，但後來無害了。

十一課：四門乍辟，突如其來，晨雞一聲，其道大衰。

　　指在雞年（民國106年），上永恆（舊宇宙）已大衰。

十二課：拯患救難，是唯聖人，陽復而治，晦極生明。

　　指否極泰來，聖人執行。

十三課：賢不遺野，天下一家，無名無德，光耀中華。

　　指兌現世界大同，無名無德，沒有名聲及權力。光耀

中華，天下為公，世界大同，周朝，真正的中華文化體現。

十四課：占得此課，易數乃終，前古後今，其道無窮。

地球已經進入第五文明，太平盛世。

宇宙黑洞的功績

迴向給祂們療癒的經咒，金剛經、佛說天地八陽神咒經、楞嚴咒心、藥師經及地藏經等，電腦播放大量經咒，每日迴向，直到被廢除經咒，完成階段性的任務。

宇宙黑洞（超強焚化爐）大量吸入阿修羅、修羅王，每日幾千億，都能執行，非常盡責，使命必達。

後記

有天在FB看到，對人說加油是給別人壓力，我萬分驚訝，我反省，我是否也給大家壓力了？在執行任務的過程中，我多希望有人，有執法靈體（上司）能對我說加油，妳可以的。但沒有，在十億尊宇宙主宰（永恆靈體）要放棄地球時，我嘗試問，能否開啟宇宙黑洞？那時的上司回答：不可能，不可行，沒有靈體成功過。但後來，我成功了。

在我回到星星，我過去世的父親，總指揮（那是為何稱呼我公主星的來源）問我理念，我答，希望締造天下為公，世界大同，太平盛世。

我父答：女兒啊，那不可行。

我答：爸爸，可是我在過去世，周公旦，我曾經成功過（小場的）世界大同。

星星總指揮真的回到過去時間查證，之後不再反對。

我能獲得的只是不再反對的聲浪，但是沒有任何支持，感恩那時的星星，我過去世的母親，願意配合我，嘗試不使用法術。以經咒的力量，替代法術，贏得那時法界的源頭（也曾是我過去世的父母們，有三層）的讚譽。

法界的最高三層對我星星的母親印象很深。評語：溫文儒雅，有智慧的女性，很謙卑。

我是法界的創辦人，開啟法界的源頭，在我靈體回家的路上，我不曾聽到加油聲，在人間更沒有。（地球人，

不知所以然，只有等死的份）

　　在我回到星際網路，接觸到執行長時，祂先引導我，補足功德量，渡過2016年3月26日地球天文學家，早有預言的大災難（隕石撞地球），功德量一到，祂先引爆，之後執行長的上司溯源，原來我過去世是執行長的大臣，因反對法身、高法身的制度，憤而轉世去。

　　這樣的轉世之旅歷經一萬二千億兆年，我回家了，感恩我過去的上司，執行長，唯一力挺我，沿路和祂的頂頭上司持不同意見，直到上面的執法靈體（業力爆表，直接消失）只剩女王靈體、執行長。

呼應推背圖60象

　　一陰一陽，無始無終（指下永恆、新宇宙），終者自終（指上永恆、舊宇宙的終了），始者自始（指下永恆、新宇宙的開始）。

　　突然想到劉伯溫的金陵塔碑文「幸得大木二條支大廈」，我真懷疑，一千多年前的唐朝李淳風，五百多年前的劉伯溫，是否早已看到現在？尤其是劉伯溫的「地上管二尺，日夜無盜賊」（現在局勢是執行長所設定的執法機器人，針對專門事項執法，約兩尺高），我被告知的實情如此。

　　很多靈體問我，怎能如此謙卑？我答：我只不過是天的棋子，天派我這一世，轉世來執行預言的兌現，我是人，天的總執行長。我曾受益於楞嚴經的一句話「狂心若

歇，歇即菩提」。我的場，不在人間，自然不在人間著墨。

我初臨地球，參與地球第四文明的開端，女媧，為地球補天是第一世。第二世，周公旦，完成天下為公，世界大同。第三世，墨子，提倡兼愛非攻的理念，之後環境不好，改從醫。金元四大家李東垣、朱丹溪都是我轉世，從醫也順利完成修行路的進階。這一世轉世，參與第四文明的結束，並為地球完成功德量，才能開啟第五文明。希望地球人顧好地球，並享有太平盛世。

累世的資歷、歷練，讓我能挑大樑，推翻上永恆（舊宇宙）的亂象。另起爐灶創立下永恆（新宇宙）。

外星已無縫接軌（因早有向神權的公庫納稅），已經運行下永恆，只剩地球了。

從107年開始，我先幫地球人納稅了，所以地球所獲得的能量和外星等同，會幫地球人到地球人的科技跟上，納入星際網路的管理，就讓地球人自己繳稅，一人一年折合新臺幣需約10元。因我是台灣人，神權以新台幣核算。

在法界能量中心那一層，代表駐守地球，有一戰，宛如層層烏雲籠罩的惡勢力。我宣示：我無私，力量亦無窮，向宇宙借力。法界能量中心的代表，提著甘露來幫我，告訴我，你宛如處在1200度的高溫爐，瞬間魂飛魄散。當下，確實是快死的感受。

守護地球的靈體約在民國102年，被當時的法界更換，把地球守護得更好，更保護人類，科學家的地震紀錄，可以應證此事。

仔細回想，為何我能完成這艱鉅的任務？原來主因是

疼愛，在我靈體回家的過程，我受到每一層總指揮，收我當女兒，也有是過去世的父母親，萬般呵護，如同搖籃中的嬰兒般，被時時關注，被保護。有一次，大戰中命在垂危，那時的法界能量中心，總指揮急調如給一個星球的能量，挹注在我身上救我。

那真心疼愛的劑量，不輸給親生父母，雖然，權力之爭，是必須面對的事實，但真心疼愛我的父母親，看清時局，選擇帶領自己的屬下一起轉世，為局勢的演變，帶來更穩定的力量。

直到回到來處，現在的執行長，過去世的上司，不但力挺我，並扛下重責大任，在神的執法權轉移過程中，擔任總操盤手。

反觀人間的我，倍受委屈，嘗盡人情冷暖，在我心中，形成強烈對比。

為地球帶來太平盛世，是我的初衷，是我的願望，這是當初為何肯幫弟子彌勒佛的主因。為大家帶來平安，是我的大願，如今大局演變，真的走到下永恆（新宇宙），局勢已經大好，只剩地球了。

回應孫劍秋教授（易經卜卦高手），當年在課堂上說，希望各位將來有成就時題上我一筆，當下，我心想，我們只不過是一群準備應中醫特考的落難學子，何來成就之有？原來，天無絕人之路，做就是。

舊宇宙神權，彌勒淨土的光碼粉紅色。

後記

新宇宙神權，光碼，中間琉璃光，外鑲嵌桃紅色的光。

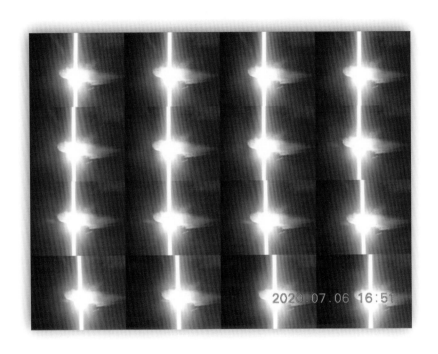

光柱稟天，白光柱在中間，外為桃紅色。新宇宙代表
色，桃紅色，局勢演變到下永恆（新宇宙）。

後記

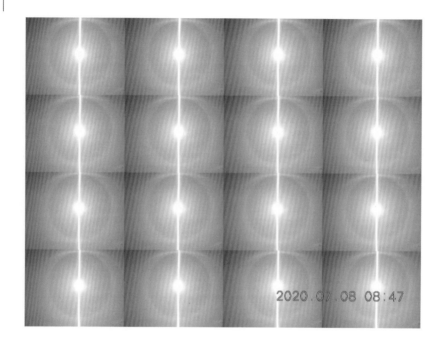

完成階段性任務。光柱稟天，白色象徵善的力量大贏
（太陽上下如眼、臉般，象徵老天有眼）。

2020.07.08 08:48

複訂

新宇宙的光碼，以琉璃光（象徵著修行人）為主導力量。

復訊

2020.2.14 日
日晷轉換，人間換成新宇宙神權管，地球運行第五文明。

國家圖書館出版品預行編目資料

2019：預言到兌現 ／王慈愛 著. ─初版.─臺中
市：白象文化事業有限公司，2021.5
　　面；　公分.
　　ISBN 978-986-5488-32-1（平裝）

1. 佛教　2. 佛教修持
220　　　　　　　　　　　　　110005149

2019：預言到兌現

作　　　者　王慈愛
校　　　對　王慈愛、方博緯
發 行 人　張輝潭
出版發行　白象文化事業有限公司
　　　　　　412台中市大里區科技路1號8樓之2（台中軟體園區）
　　　　　　出版專線：（04）2496-5995　　傳真：（04）2496-9901
　　　　　　401台中市東區和平街228巷44號（經銷部）
　　　　　　購書專線：（04）2220-8589　　傳真：（04）2220-8505
專案主編　陳逸儒
出版編印　林榮威、陳逸儒、黃麗穎、水邊、陳婥婷、李婕
設計創意　張禮南、何佳誼
經紀企劃　張輝潭、徐錦淳、廖書湘
經銷推廣　李莉吟、莊博亞、劉育姍、林政泓
行銷宣傳　黃姿虹、沈若瑜
營運管理　林金郎、曾千熏
印　　　刷　基盛印刷工場
初版一刷　2021 年 5 月
二版一刷　2022 年 12 月
定　　　價　800 元

白象文化　印書小舖　出版・經銷・宣傳・設計
www.ElephantWhite.com.tw　自費出版的領導者　購書 白象文化生活館